3. Schuljahr

Autorenteam Kohl-Verlag

LESETRAINING

in drei Niveaustufen

Überarbeitete Neuauflage

1 2 3

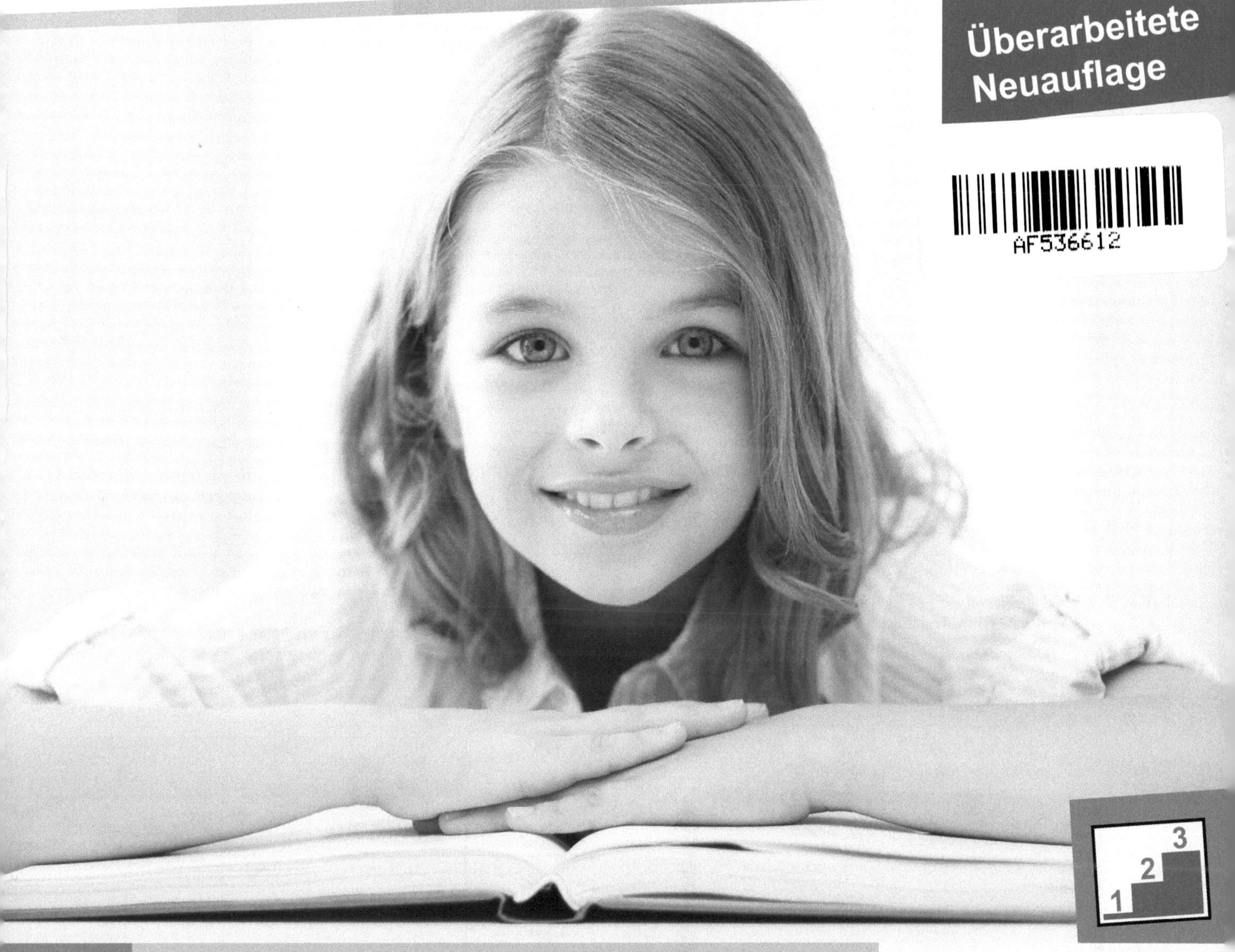

3

Differenzierung mit Selbstkontrolle

www.kohlverlag.de

Lesetraining in drei Niveaustufen

3. Schuljahr

2. Auflage 2025

Inhalt: Autorenteam Kohl-Verlag
Coverbild: © Syda productions - fotolia.com
Redaktion: Kohl-Verlag
Grafik & Satz: Kohl-Verlag
Druck: Elanders Druck, Waiblingen

Bestell-Nr. 16 703

ISBN: 978-3-98841-088-7

Bildquellen: **(alle von AdobeStock.com)**

Seite 2: © Africa Studio; **Seite 6:** © JUAN CARLOS TINIJACA; **Seite 7:** © Klara Viskova; **Seite 10:** © JUAN CARLOS TINIJACA; **Seite 12:** © Picture-Factory; **Seite 13:** © marog-pixcells, aijiro, contrastwerkstatt, PhotographyByMK & djvstock; **Seite 14:** © Picture-Factory; **Seite 15:** © marog-pixcells, aijiro, contrastwerkstatt, PhotographyByMK & djvstock; **Seite 16:** © Picture-Factory; **Seite 17:** © marog-pixcells, aijiro, contrastwerkstatt, PhotographyByMK & djvstock; **Seite 18:** © James Steidl; **Seite 19:** © pressmaster; **Seite 20:** © James Steidl & Hans-Jörg Nisch; **Seite 24:** © euthymia; **Seite 26:** © stadtratte; **Seite 29:** © blueringmedia, zzve, Christos Georghiou, djvstock, UltimaSperanza, galimovma79 & Lorelyn Medina; **Seite 30:** © pressmaster; **Seite 31:** © blueringmedia, Christos Georghiou, HuHu Lin, owattaphotos & Anna Tyukhmeneva; **Seite 34:** © chones; **Seite 35:** © Csák István; **Seite 36:** © Csák István; **Seite 40:** © Asier; **Seite 41:** © Asier; **Seite 42:** © Asier; **Seite 44:** © Eva Kahlmann; **Seite 45:** © Henry Schmitt, mipan, Natalia Merzlyakova & ValentinValkov; **Seite 46:** © New Africa; **Seite 48:** © New Africa; **Seite 50:** © Leonid Nyshko, Eric Isselée & dagmarhijmans; **Seite 51:** © Leonid Nyshko, Eric Isselée & dagmarhijmans; **Seite 52:** © Damian; **Seite 55:** © cromary; **Seite 56:** © cromary; **Seite 57:** © Dotan; **Seite 58:** © cromary; **Seite 60:** © Monkey Business, Stefan Körber, photofey & altanaka; **Seite 61:** © Svitlana; **Seite 62:** © Monkey Business, Stefan Körber, photofey & altanaka; **Seite 63:** © Svitlana; **Seite 64:** © Monkey Business, Stefan Körber, totallyout, photofey & altanaka; **Seite 66:** © jovannig; **Seite 67:** © A Bruno, tiero, ben & Kaesler Media; **Seite 68:** © jovannig; **Seite 71:** © marog-pixcells, aijiro, contrastwerkstatt, PhotographyByMK & djvstock; **Seite 77:** © Leonid Nyshko, Eric Isselée & dagmarhijmans; **Seite 79:** © Monkey Business, Stefan Körber, totallyout, photofey & altanaka

Kontakt: Kohl-Verlag, An der Brennerei 37-45, 50170 Kerpen
Tel: +49 2275 331610, Mail: info@kohlverlag.de

Unsere Lizenzmodelle

Der vorliegende Band ist eine Print-Einzellizenz

Sie wollen unsere Kopiervorlagen auch digital nutzen? Kein Problem – fast das gesamte KOHL-Sortiment ist auch sofort als PDF-Download erhältlich! Wir haben verschiedene Lizenzmodelle zur Auswahl:

	Print-Version	PDF-Einzellizenz	PDF-Schullizenz	Kombipaket Print & PDF-Einzellizenz	Kombipaket Print & PDF-Schullizenz
Unbefristete Nutzung der Materialien	x	x	x	x	x
Vervielfältigung, Weitergabe und Einsatz der Materialien im eigenen Unterricht	x	x	x	x	x
Nutzung der Materialien durch alle Lehrkräfte des Kollegiums an der lizensierten Schule			x		x
Einstellen des Materials im Intranet oder Schulserver der Institution			x		x

Die erweiterten Lizenzmodelle zu diesem Titel sind jederzeit im Online-Shop unter www.kohlverlag.de erhältlich.

Inhaltsverzeichnis

Vorwort

Den Bildungsplänen aller deutschsprachigen Länder ist der Kerngedanke gemeinsam, dass schulisches Lernen auf Sprach- und Schriftsprachverständnis der Schüler basiert. Diese Lesefähigkeit der Schüler steigert sich dabei gerade in den ersten Schuljahren immens: Vom Beginn des Schriftspracherwerbs hin zum Erlesen komplexer Texte und Zusammenhänge schon wenige Schulmonate oder -jahre später.

Dieser Lernfortschritt geschieht mit teils großen Unterschieden im Tempo und mit häuslicher Unterstützung in sehr unterschiedlichem Maß. Die Lesetexte dieses Bandes tragen diesem Umstand durch Differenzierung sowohl in der Textmenge als auch in Schwierigkeit und Niveau der zu bearbeitenden Aufgaben Rechnung. Alle Lesetexte sind für Sie in drei Niveaustufen vorbereitet, sodass Sie ohne großen Aufwand Ihren Unterricht binnendifferenziert gestalten können. Für das Vorbereiten effektiven und erfolgreichen Unterrichts wird Ihnen dies sicherlich eine wertvolle Hilfe sein.

Die inhaltlich gleichen Vorlagen sind stets in folgenden Niveaustufen verfasst:

- Niveau ⊙ ⇨ grundlegendes Niveau
- Niveau ! ⇨ mittleres Niveau
- Niveau ✶ ⇨ erweitertes Niveau

Die Themen der Lesetexte entsprechen der Interessenwelt der Schüler und motivieren diese zum Lesen und anschließenden Lösen der Übungsaufgaben. Zu jedem Lesetext finden Sie im Anschluss dem Leistungsvermögen entsprechende Übungsaufgaben in unterschiedlichster Form. Langeweile und Routine treten so auch bei weniger begeisterten Lesern nicht auf! Auch die Abfolge der Lesetexte ist am Schwierigkeitsgrad orientiert, d.h. je weiter hinten im Band, desto schwieriger sind die Lese- und Übungsaufgaben. Zur erleichterten Überprüfung finden sich am Ende die entsprechenden Lösungen in kompakter Form, sodass diese bei Bedarf auch zur Selbstkontrolle eingesetzt werden können.

Viel Spaß und Erfolg beim Einsatz der vielfältigen Texte wünschen Ihnen das

Autorenteam des Kohl-Verlages

Methodisch-didaktische Hinweise

Die Lesetexte dieses Bandes eignen sich für verschiedene Einsatzmöglichkeiten während Ihres Unterrichtes, zum Üben zuhause oder auch für die Anwendung in Wochenplänen, Lerntheken oder als Ergänzungsmaterial für schnelle Lerner, aber auch als Fördermaterial für schwächere Leser. Hierzu kann unter Umständen auch der Einsatz in einer höheren oder auch niedrigeren Klassenstufe sinnvoll sein. Die Themen passen zu einem Einsatz entsprechend aktueller Bedürfnisse des Klassenverbandes oder auch zu Unterrichtsinhalten der einzelnen Fächer, sind aber auch losgelöst einsetzbar, wenn Sie schlicht und einfach Bedarf für Lesetraining in Ihrer Klasse haben.

Recht einfach und schnell bietet es sich an, die einzelnen Niveaustufen eines Textes zum Beispiel zu laminieren, rückseitig die Lösungen zu befestigen und das Ganze als Lernkartei zur Selbstkontrolle zu verwenden. Eine weitere Möglichkeit wäre, die Lesearbeitsblätter zur Bearbeitung zu kopieren und die Lösungen separat (z.B. am Lehrerarbeitsplatz zur Abholung) zu deponieren, um so den Arbeitsfortschritt zu überwachen.

Alternativ kann man den Lesetext abtrennen und z.B. als Hausaufgabe mitgeben, sodass die Bearbeitung der Aufgabe erst in der Folgestunde erfolgt. Ebenso geht es umgekehrt, sodass die Bearbeitung der Aufgaben zuhause oder später erfolgt. So können Sie das Leseverständnis des selbstständigen Lesens und die Merkfähigkeit Ihrer Schüler trainieren und überprüfen.

Die Übungsaufgaben zu den Texten sind vielfältig und trainieren neben den Lesefertigkeiten und dem -verständnis auch sprachliche Fähigkeiten.

Es gibt in diesem Werk eine Vielzahl weiterer Aufgaben wie z.B. das Ordnen von Aussagen in die logisch richtige Abfolge, das Finden passender Nomen, Verben, Adjektive, das Zuordnen zu passenden Wortfamilien und das Lösen von Kreuzworträtseln, die mit Abwechslung und verschiedenen Zugangsweisen die Lesekompetenz Ihrer Schüler fördert.

1. Nina, der Goldfisch

Heute fand der große Schwimmwettbewerb statt. In der Schwimmhalle herrschte ein wildes Durcheinander. Die Zuschauer jubelten und feuerten ihre Favoriten an.

Nina versuchte sich auf ihren nächsten Wettkampf zu konzentrieren. Sie atmete tief ein und aus. Dann war es so weit und Ninas Gruppe wurde aufgerufen: „Als nächstes sehen Sie die Endausscheidung der Mädchen!"

Jetzt galt es! Nina war fürchterlich nervös. Ihre Knie zitterten sogar. Ihr Trainer Bert klopfte ihr auf die Schulter: „Mach dir keine Sorgen, Nina. Du hast fleißig für diese Meisterschaft trainiert. Du schaffst das!"

Angespannt stellte sich Nina auf den Startblock. Sie konzentrierte sich auf das Startsignal. Da! Nina stieß sich kräftig ab und machte die ersten Schwimmzüge. Sie schaltete alle Gedanken ab und kraulte durch das Becken. Nicht einmal die lauten Rufe der Zuschauer nahm Nina wahr. Sie konzentrierte sich völlig auf das Schwimmen. Kurz vor dem Beckenrand gab sie noch einmal alles. Voll mit Adrenalin schlug Nina am Beckenrand an und riss die Arme hoch.

Sie hatte es geschafft! Lauter Jubel ertönte. Ihr Trainer Bert rief: „Das war sensationell, Nina!"

1

Vervollständige die Sätze sinnvoll.
Achte dabei auf das, was du im Text gelesen hast.

a) Nina konzentrierte sich auf … ____________________

____

____

b) Als Nina auf dem Startblock stand, wartete … ____________________

____

c) Nina schaltete alle Gedanken ab und konzentrierte sich auf das Schwimmen,

deshalb … ____________________

____

____

LESETRAINING IN DREI NIVEAUSTUFEN
3. Schuljahr – Bestell-Nr. 16 703
KOHL VERLAG

1. Nina, der Goldfisch

2

Setze die 7 Begriffe aus dem Text wieder richtig zusammen.

bad zen an feu kon schau

block Meis vös ern triert Schwimm

ner ter schaft Zu er Start

a) ______________________ b) ______________________

c) ______________________ d) ______________________

e) ______________________ f) ______________________

g) ______________________

3

Die folgenden Sätze erklären dir einen Begriff aus dem Text. Schreibe das passende Wort dazu.

a)	Schwimmer können sich mit dieser Technik schnell im Wasser fortbewegen. Sie haben dabei einen schnellen Beinschlag und bewegen die Arme abwechselnd über den Kopf durch das Wasser.	
b)	Besonders im Sport bezeichnet man so den Kampf um die beste Leistung.	
c)	Hat dein Körper Stress oder große Aufregung, schüttet er das Hormon aus. Es lässt unter anderem das Herz schneller schlagen und macht dich für einige Zeit leistungsfähiger.	
d)	Dieser Begriff für einen Anwärter auf den Sieg stammt von dem lateinischen Wort „favere" (begünstigen) ab.	

LESETRAINING IN DREI NIVEAUSTUFEN
3. Schuljahr – Bestell-Nr. 16 703
KOHL VERLAG Lernen mit Erfolg

1. Nina, der Goldfisch

!

„Schneller, schneller!" In der Schwimmhalle herrschte ein wildes Durcheinander. Die Zuschauer jubelten den Schwimmern zu. Nina kuschelte sich in ein Handtuch. Sie atmete tief ein und versuchte sich auf ihren nächsten Wettkampf zu konzentrieren.
Dann waren die Jungs fertig und Ninas Gruppe wurde aufgerufen: „Als nächstes sehen Sie die Endausscheidung der Mädchen!"
Jetzt galt es! Ninas Knie zitterten und in ihrem Bauch kribbelte es. Sie zog ein letztes Mal den Badeanzug zurecht. Nina war sehr nervös, aber ihr Trainer Bert klopfte ihr auf die Schulter: „Mach dir keine Sorgen, Nina. Du hast fleißig für diese Meisterschaft trainiert und bist top in Form. Das packst du!" Angespannt stellte sich Nina auf den Startblock und nahm ihre Position ein. Sie konzentrierte sich auf das Startsignal.
Da! Nina stieß sich kräftig ab und tauchte in das Wasser ein. Wie ein wendiger Fisch machte sie die ersten Schwimmzüge. Wie eine kräftige Maschine kraulte Nina durch das Becken und teilte das Wasser. Jetzt waren alle ihre Gedanken völlig abgeschaltet und auch die Rufe der Zuschauer nahm Nina nicht mehr wahr. Sie konzentrierte sich völlig auf das Schwimmen. Da kam schon der Beckenrand in Sicht. Nina gab noch einmal alles. Voll mit Adrenalin schlug Nina am Beckenrand an und riss die Arme hoch.
Die Zuschauer jubelten und Nina fühlte sich wie im Traum. Sie hatte es geschafft! Glücklich stieg Nina aus dem Becken und ihr Trainer Bert rief: „Das war sensationell, Nina!"

1

Ordne die Sätze und schreibe die Zahlen 1 bis 5 davor.
Finde selbst einen kurzen Satz zum Schluss der Geschichte.

	Sie ist sehr nervös. Ninas Beine zittern und ihr Bauch fühlt sich auch komisch an.
	Voll mit Adrenalin gibt Nina kurz vor dem Beckenrand noch einmal alles. Sie schlägt am Beckenrand an.
	Nina hat heute einen wichtigen Schwimmwettkampf. Sie kann sogar die Meisterschaft gewinnen.
	Ninas Trainer Bert macht ihr Mut. Er ist sicher, dass Nina gewinnen kann.
	Als das Startsignal kommt, springt Nina ins Becken und krault los. Sie kann sich ganz auf das Schwimmen konzentrieren.
6	

LESETRAINING IN DREI NIVEAUSTUFEN
3. Schuljahr – Bestell-Nr. 16 703

1. Nina, der Goldfisch

!

2

Hier findest du die Grundform von Verben aus dem Text. Dort wurden sie angepasst an die Personen und an die Zeit. Trage die Verben in der Form in die Tabelle ein, in der sie im Text stehen.

a) herrschen		e) sich abstoßen	
b) kuscheln		f) wahrnehmen	
c) sein		g) anschlagen	
d) ziehen		h) steigen	

3

Verbinde die richtigen Satzteile.

a)	Nina atmete tief ein …	… machte sie die ersten Schwimmzüge.	1.
b)	Nina war sehr nervös, …	… schlug Nina am Beckenrand an.	2.
c)	In der Schwimmhalle herrschte …	… und versuchte sich zu konzentrieren.	3.
d)	Die Zuschauer jubelten …	… und Nina fühlte sich wie im Traum.	4.
e)	Wie ein wendiger Fisch …	… ein wildes Durcheinander.	5.
f)	Voll mit Adrenalin …	… aber ihr Trainer klopfte ihr auf die Schulter.	6.

LESETRAINING IN DREI NIVEAUSTUFEN
3. Schuljahr – Bestell-Nr. 16 703
KOHL VERLAG Lernen mit Erfolg

1. Nina, der Goldfisch

„Los, los!" „Schneller, schneller!" In der Schwimmhalle tönte der Lärm und es herrschte ein wildes Durcheinander. Nina stand still am Rand der Halle und kuschelte sich in ein Handtuch. Sie atmete tief ein und versuchte sich auf ihren nächsten Wettkampf zu konzentrieren.

Die Jungs waren fertig, die erste Ansage ertönte: „Im nächsten Durchgang erfolgt die Endausscheidung der Mädchen!" Jetzt galt es! Ninas Knie zitterten doch etwas. In ihrem Bauch fühlte es sich an, als ob darin tausende kleine, zappelige Fische umherschwimmen würden. Nina zog ein letztes Mal den Badeanzug zurecht. Hoffentlich klappte alles! Bert, ihr Trainer, kam zu ihr und klopfte ihr auf die Schulter: „Mach dir keine Sorgen, Nina. Du hast fleißig für diese Meisterschaft trainiert und bist top in Form. Das packst du!"

Das hatte gut getan und sie wurde schon etwas ruhiger. Nina stellte sich auf den Startblock, nahm ihre Position ein und horchte konzentriert auf das Startsignal. Da! Jetzt galt es!

Nina stieß sich kräftig ab, tauchte in das Wasser ein und machte wie ein schlanker, wendiger Fisch die ersten Schwimmzüge. Immer weiter, wie eine kräftige Maschine, kraulte sie durch das Becken und teilte das Wasser. Das Gedankenkarussell war jetzt völlig abgeschaltet und auch die Rufe der Zuschauer nahm Nina nicht mehr wahr. Jetzt zählte nur noch der Wettkampf. Nun kamen die letzten Meter. Nina gab noch einmal alles, obwohl ihre Muskeln schmerzten. Voll mit Adrenalin schlug Nina am Beckenrand an und riss die Arme hoch. Geschafft, sie hatte es geschafft! Lauter Jubel ertönte aus den Zuschauerreihen und Nina fühlte sich leicht und schwebend wie im Traum. Sie stieg mit zitternden Knien aus dem Becken und ihr Trainer Bert schrie: „Klasse, Nina, du warst spitze!"

1

Stimmt das? Kreuze an.

		richtig	falsch
1.	Nina nimmt an der Vorausscheidung der Mädchen im Schwimmen teil.		
2.	Ninas Trainer Bert spricht ihr Mut zu.		
3.	Die Zuschauer lenkten Nina beim Schwimmen ab.		
4.	Mit kräftigen Zügen tauchte Nina durch das Becken.		
5.	Nach dem Sieg fühlte sich Nina leicht und schwebend.		

1. Nina, der Goldfisch

2

Zu jeder Reihe passt ein Begriff aus dem Text. Finde ihn und schreibe ihn dazu.

a)	Badehose	Badekappe	Badeschuhe	
b)	schwimmen	tauchen		
c)	Zuschauer	Schwimmhalle	Startsignal	

3

Löse das Kreuzworträtsel.

a) Bert ist Ninas …

b) Nina nimmt heute an einem … teil.

c) Hat ein Mensch Stress, wird … ausgeschüttet.

d) Nach dem Sieg kann Nina laut …

e) Die Menschen, die beim Wettkampf am Rand stehen, nennt man …

f) Die Schwimmtechnik Ninas nennt man das …

g) Vor Aufregung … Ninas Knie.

h) Beim Beginn des Wettkampfes springt Nina vom …

i) Vor und nach dem Schwimmen sollte man …

j) Viele Schwimmer tragen eine Badehose, Badekappe und eine …

Lösungswort: _ _ _ _ _ _ _ _

KOHL VERLAG

2. Vom Wünschen und Brauchen

„Das ist gemein. Alle haben schon ein Handy, nur ich nicht." Wütend rannte Sarah in ihr Zimmer. Das war nicht gut gelaufen. Dabei wollte sie ihre Eltern überreden, ihr auch ein Handy zu kaufen.

Nach der Schule hatten ihre Freunde sich noch witzige Bilder auf dem Handy gezeigt und sich gekringelt vor Lachen. Nur Sarah kam sich wie das fünfte Rad am Wagen vor. Dann verabredeten sich die anderen auch noch auf dem Spielplatz: „Wir schicken uns einfach eine Nachricht wegen der Uhrzeit und so." Spätestens da war Sarah stinksauer. Sie fühlte sich ausgegrenzt und alleine. Wieso wollten ihre Eltern es auch nicht einsehen …?

Nun schmollte Sarah. Doch wie konnte sie die Eltern überzeugen? Eine Liste mit vielen Gründen für ein Handy würde sicher den Ausschlag geben. Den ganzen Nachmittag arbeitete sie daran. Am Abend war Sarah soweit. Sie konnte ihre Liste vortragen: „Liebe Mama, lieber Papa! Es tut mir leid, dass ich so zickig war. Ich wünsche mir so sehr ein eigenes Handy. Deshalb habe ich mir viele Gedanken gemacht. Mit einem Handy könnte ich …"

Sarahs Eltern staunten, wieviel Mühe Sarah sich gegeben hatte. „Sarah, das hast du toll gemacht. Wir werden uns noch einmal Gedanken machen. Morgen früh reden wir darüber."

Am nächsten Morgen war Sarah wie der Blitz aus den Federn. Aufgeregt ging sie zum Frühstückstisch. „Mama …", fragte Sarah zögerlich. Wie fiel wohl die Antwort aus?

1

Stimmt das? Kreuze an.

		richtig	falsch
1.	Sarahs Freunde verabreden sich auf dem Sportplatz.		
2.	Sarah fühlt sich ausgegrenzt.		
3.	Den ganzen Nachmittag arbeitete sie an ihren Hausaufgaben.		
4.	Am Abend hatte sie die Liste fertig.		
5.	Ihre Eltern versprechen ihr, am Morgen darüber zu reden.		
6.	Am nächsten Morgen wird Sarah kaum wach.		
7.	Die Freunde wollen sich mit dem Handy eine Nachricht wegen der Uhrzeit senden.		
8.	Nach der Schule zeigten sich die Freunde Katzenvideos auf ihren Handys.		

KOHL VERLAG Lernen mit Erfolg
LESETRAINING IN DREI NIVEAUSTUFEN
3. Schuljahr – Bestell-Nr. 16 703

2. Vom Wünschen und Brauchen

2

Jedes Rätselbild zeigt etwas, dass im Text vorkommt. Finde den passenden Begriff und schreibe ihn dazu.

_______________ _______________ _______________

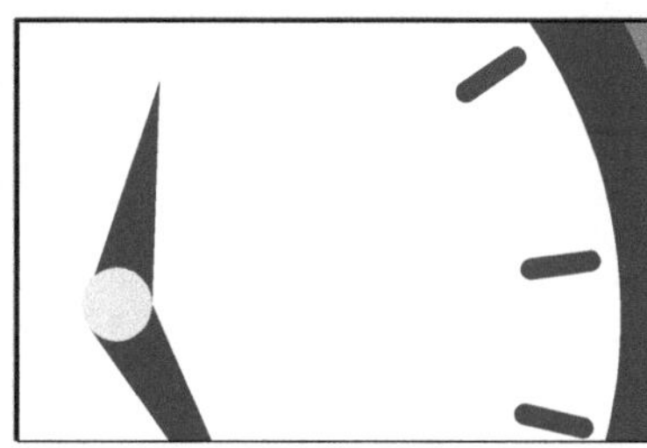

_______________ _______________

3

Fülle den Lückentext aus. Die Wörter im Kasten helfen dir.
Achtung: Drei Begriffe bleiben übrig.

Gründe • Eltern • wütend • Wünsche • Baby • spielen • ausgegrenzt angeben • verstehen • Mitschüler • erlauben • überzeugen • Liste

Geht es dir manchmal auch wie Sarah? Hattest du auch schon _______________, die nicht erfüllt wurden? Sarah ist sehr _______________ und fühlt sich _______________. Viele ihrer _______________ haben schon ein eigenes Handy. Wenn diese Kinder dann damit _______________, fühlt sie sich schlecht. Aber Sarahs _______________ haben sicherlich ihre _______________, warum sie Sarah kein Handy _______________ wollen. Ob Sarah sie mit ihrer _______________ trotzdem noch _______________ kann?

LESETRAINING IN DREI NIVEAUSTUFEN
3. Schuljahr – Bestell-Nr. 16 703
KOHL VERLAG Lernen mit Erfolg

2. Vom Wünschen und Brauchen

!

„Ihr seid so gemein. Alle, alle haben schon ein Handy. Nur ich bin wieder der Außenseiter. Findet ihr das fair?" Wütend stampfte Sarah mit dem Fuß auf und rannte in ihr Zimmer. Das war nicht gerade gut gelaufen. So würde sie ihre Eltern sicher nicht überzeugen können. Aber sie hatte sich heute so blöd gefühlt.

Nach Schulschluss hatten Pia, Tim, Felix, Leonie und Lara noch über Handyvideos gelacht. Nur Sarah konnte da nicht mithalten und kam sich wie das fünfte Rad am Wagen vor. Dann kam noch der Gipfel: „Treffen wir uns heute Mittag auf dem Spielplatz? Schicken wir uns einfach eine Nachricht wegen der Uhrzeit und so, okay?" Spätestens da war Sarah stinksauer. Sie war genervt, frustriert und fühlte sich ausgegrenzt. Zuhause musste der Frust dann endlich raus. Wieso wollten ihre Eltern es aber auch nicht einsehen ...?

Sarah grübelte und schmollte. Wie konnte sie die Eltern wohl überzeugen, dass ein Handy her musste? Das war es: Eine Liste mit Argumenten würde die Eltern sicher überzeugen. Den ganzen Nachmittag arbeitete sie daran. Am Abend war Sarah soweit. Sie ging zum Tisch und fing an: „Liebe Mama, lieber Papa! Es tut mir leid, dass ich heute Mittag so zickig war. Ich wünsche mir so sehr ein eigenes Handy und ich habe mir deshalb viele Gedanken gemacht. Mit einem Handy könnte ich ..."

Sarah trug ihren Eltern ihre Liste vor und diese staunten, wieviel Mühe Sarah sich gegeben hatte. „Sarah, das hast du toll gemacht. Wir werden uns heute Abend noch einmal Gedanken über unsere Entscheidung machen. Morgen früh reden wir darüber."

Sarah ging ziemlich nervös ins Bett und war am nächsten Morgen wie der Blitz aus den Federn. Aufgeregt ging sie zum Frühstückstisch. „Mama ...", fragte Sarah zögerlich. Wie fiel wohl die Antwort aus?

1

Stimmen diese Aussagen? Kreuze an.

		richtig	falsch
1.	Sarahs Freunde verabreden sich auf dem Sportplatz.		
2.	Sarah fühlt sich ausgegrenzt.		
3.	Den ganzen Nachmittag arbeitete sie an ihren Hausaufgaben.		
4.	Am Abend hatte sie die Liste fertig.		
5.	Ihre Eltern fanden Sarahs Liste toll.		

LESETRAINING IN DREI NIVEAUSTUFEN
3. Schuljahr – Bestell-Nr. 16 703
KOHL VERLAG Lernen mit Erfolg

2. Vom Wünschen und Brauchen

!

2

Zu jedem Satz passt ein Bild. Verbinde passend.

a)	Sarah wünscht sich ein eigenes Mobiltelefon.	○	○		1.
b)	Sarahs Freunde möchten sich treffen. Die genaue Zeit möchten sie über ihre Handys absprechen.	○	○		2.
c)	Am nächsten Morgen geht Sarah aufgeregt zum Frühstückstisch.	○	○		3.
d)	Sarah diskutiert mit ihren Eltern.	○	 ○		4.
e)	Die Freunde legen den Treffpunkt, aber nicht die Uhrzeit fest.	○	○		5.

3

In diesem Suchsel haben sich 10 Nomen passend zum Text versteckt.
Aber Achtung! Nicht alle kommen wörtlich im Text vor.
Markiere sie farbig. Schreibe sie anschließend mit Begleiter auf.

R	S	U	P	V	N	Ö	A	Y	H	E	I	Ü	B	H	D	A	S	U	K	C	L	P	E	I
S	C	H	U	S	S	P	I	E	L	P	L	A	T	Z	T	U	G	C	K	L	A	A	Z	U
Q	U	J	O	L	F	T	J	K	S	B	N	M	W	A	X	P	Ä	C	H	R	Z	P	U	F
W	U	H	R	V	Z	I	L	I	S	T	E	S	U	S	P	E	T	E	B	M	Y	A	T	R
T	W	G	M	A	Ü	J	L	M	X	F	Z	I	S	C	Z	O	H	L	D	I	E	F	B	E
T	Q	U	M	D	G	I	J	P	R	Z	M	S	C	H	O	L	Ä	T	A	T	E	E	K	U
E	T	M	I	T	S	C	H	Ü	L	E	R	C	H	U	W	Ö	S	E	Z	O	C	K	P	N
E	S	U	O	C	B	J	L	Ä	W	T	D	U	G	L	A	T	Z	R	O	H	P	F	R	D
Z	I	S	W	A	Y	Ö	T	M	N	D	Z	X	H	E	M	E	R	N	V	Z	I	E	B	E
I	E	F	U	S	F	U	L	H	A	N	D	Y	P	D	A	E	U	P	Ü	D	T	E	R	N
T	U	C	K	W	R	O	P	H	K	D	A	L	B	F	U	P	B	E	T	T	A	E	B	M

LESETRAINING IN DREI NIVEAUSTUFEN
3. Schuljahr – Bestell-Nr. 16 703

2. Vom Wünschen und Brauchen

„Ihr seid so gemein. Alle, alle haben schon ein Handy. Nur ich bin wieder der Außenseiter, weil ihr es nicht erlaubt. Findet ihr das fair?" Wütend stampfte Sarah mit dem Fuß auf und rannte in ihr Zimmer. Das war nicht gerade eine Glanzleistung gewesen, das war ihr selbst klar. So würde sie ihre Eltern sicher nicht überzeugen können. Aber sie hatte sich heute auf dem Schulhof so blöd gefühlt und irgendwie musste der Frust jetzt raus.

Nach der Schule hatten Pia, Tim, Felix, Leonie und Lara noch auf dem Schulhof gestanden und über Handyvideos gelacht. Nur Sarah konnte da nicht mithalten und kam sich reichlich deplatziert daneben vor. Nannte man das Gefühl nicht, „das fünfte Rad am Wagen sein"?

Sarahs Stimmung war da schon schlecht, aber dann kam der Gipfel: „Treffen wir uns heute Mittag auf dem Spielplatz? Schicken wir uns einfach eine Nachricht zur Uhrzeit, okay?" Spätestens da war Sarah bedient. Sie drehte sich um und ging heim. Sie war genervt, frustriert und fühlte sich ausgegrenzt. Beim Mittagessen zuhause musste der Frust dann raus. Wieso wollten ihre Eltern es aber auch nicht einsehen ...?

Aber es nützte alles nicht: Eine Lösung musste her. Sarah grübelte und schmollte. Da kam ihr die Idee: Klar, eine Liste mit Argumenten für ein Handy könnte die Eltern vielleicht überzeugen. Den ganzen Nachmittag arbeitete sie und hatte bald das Gefühl, ihr Kopf würde rauchen. Zum Abendessen war Sarah soweit. Sie ging zum Tisch und fing an: „Liebe Mama, lieber Papa! Es tut mir leid, dass ich heute Mittag so zickig und pampig war. Aber das Handy liegt mir wirklich am Herzen und ich habe mir deshalb viele Gedanken gemacht. Mit einem Handy könnte ich ... ."

Sarah trug ihren Eltern ihre Liste vor. Ihre Eltern staunten nicht schlecht, dass Sarah sich so viel Mühe gegeben hatte. „Sarah, das hast du toll gemacht. Wir werden uns noch einmal Gedanken machen, ob unsere Entscheidung gegen ein Handy für dich bleibt. Morgen früh kannst du dann Genaueres erfahren." Das klang ja gar nicht so schlecht. Sarah ging ziemlich nervös ins Bett und war am nächsten Morgen wie der Blitz aus den Federn, als der Wecker klingelte. Aufgeregt ging sie zum Frühstückstisch. „Mama ...", fragte Sarah zögerlich. Wie fiel wohl die Antwort aus?

1

Stelle dir vor, Sarah hätte ihre Liste mit Argumenten als kleinen Brief an ihre Mutter aufgeschrieben. Schreibe den Brief und finde mindestens drei Gründe, warum Sarah ein Handy bekommen sollte.

2. Vom Wünschen und Brauchen

2

In dieser Tabelle findest du lauter Satzteile. Lies dir mit Hilfe der Felderangaben die Sätze durch und schreibe sie richtig auf.

	A	B	C	D
1	Sarah	verabredet sich	endlich	ein neues Handy.
2	Mama	zeigt	laut	mit den Freunden.
3	Pia	wünscht sich	bald	mit Sarah.
4	Tim	schimpft	stolz	das aktuelle Modell.

a) A1, B3, C1, D1 ______________________

b) A4, B1, C3, D2 ______________________

c) A2, B4, C2, D3 ______________________

d) A3, B2, C4, D4 ______________________

3

Zu jedem Satz passt ein Bild. Verbinde passend.

a)	Sarah wünscht sich ein eigenes Mobiltelefon.	○	○		1.
b)	Sarahs Freunde möchten sich treffen. Die genaue Zeit möchten sie über ihre Handys absprechen.	○	○		2.
c)	Am nächsten Morgen geht Sarah aufgeregt zum Frühstückstisch.		○		3.
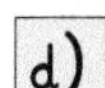 d)	Sarah diskutiert mit ihren Eltern.		○		4.

3. Storchenalarm

In Tills Klasse herrscht Durcheinander. Die Klassenlehrerin Frau Schmidt hat ihnen gerade erzählt, dass sie im nächsten Schuljahr die Schule verlässt. Till mag Frau Schmidt sehr. Sie ist lustig, freundlich und fair. Till fällt das Lesen und Rechtschreiben nicht gerade leicht, aber in ihren Unterricht geht er immer gerne.

Mag Frau Schmidt die Klasse nicht mehr? Da räuspert sich Frau Schmidt: „Ähm, ich komme nicht mehr in eure Klasse, weil ich ein Baby bekomme." Frau Schmidts Stimme zittert ein bisschen und sie ist ganz schön nervös.

Alle tuscheln und reden durcheinander. Till ist verwirrt. Klar freut er sich für Frau Schmidt. Aber wie wird es ohne sie werden? Frau Schmidt beantwortet geduldig die Fragen der Klasse nach dem neuen Lehrer und ob das Baby ein Junge oder Mädchen wird.

Dann wird es wieder ruhiger im Zimmer. Frau Schmidt verteilt Arbeitsblätter. Till liest die gleiche Aufgabe schon zum dritten Mal. Da steht plötzlich Frau Schmidt hinter Till. „Na, Till. Bist du durcheinander?" Sie hat einfach ein gutes Gespür, wie es den Kindern geht. Frau Schmidt flüstert Till ins Ohr: „Weißt du, Till, dass es bis zum Sommer noch einige Wochen dauert? Du bist ein klasse Junge und wirst dich auch mit der neuen Lehrerin gut verstehen. Und ich komme euch auf jeden Fall besuchen." Till kann nur nicken. Er hat einen Kloß im Hals. Was Frau Schmidt zu ihm gesagt hat, hat ganz schön gut getan. Und jetzt wartet er erst einmal ab, statt sich Sorgen zu machen.

1

Richtig oder falsch? Kreuze an.

		richtig	falsch
1.	Tills Lehrerin zieht bald um und wechselt an eine neue Schule.		
2.	Till mag seine Klassenlehrerin, weil sie freundlich, lustig und fair ist.		
3.	Die Klasse ist ganz geschockt und weiß nicht, was sie zu Frau Schmidt sagen soll.		
4.	Frau Schmidt merkt, dass ihr Schüler Till ganz durcheinander ist.		
5.	Frau Schmidts Worte beruhigen Till und tun ihm gut.		
6.	Frau Schmidt sagt zu Till, dass er sich nicht so anstellen soll.		
7.	Till liest das Blatt schon zum fünften Mal, aber versteht nicht, was zu tun ist.		

3. Storchenalarm

2

Hier wurden Wörter aus dem Text ganz schön durcheinander geschüttelt. Ordne sie richtig und schreibe sie auf.

Arrettälbbeits	__________	tUnrichter	__________
rZmime	__________	inLrereh	__________
reSmom	__________	chonWe	__________

3

Wer könnte das sagen? Verbinde die Sätze mit der richtigen Person.

a) „Soll ich mich für sie freuen?" ○

b) „Wie meine Klasse wohl reagieren wird?" ○

c) „Ich bin ganz schön nervös." ○

d) „Oje, wie wird es ohne sie werden?" ○

e) „Ich verstehe gar nicht, was ich lese." ○

f) „Ich werde euch besuchen." ○

○ Frau Schmidt

○ Till

3. Storchenalarm

!

Till ist perplex. Gerade hat er erfahren, dass Frau Schmidt im nächsten Schuljahr nicht mehr ihre Klassenlehrerin sein kann. Till mag Frau Schmidt sehr. Sie ist eine lustige, freundliche und vor allem faire Lehrerin. Till, dem das Lesen und Rechtschreiben nicht so leicht fällt, geht immer gerne in ihren Unterricht.

Nun herrscht Durcheinander in Tills Kopf. Mag Frau Schmidt ihre Klasse nicht mehr? Haben sie es in letzter Zeit mit ihren Streichen übertrieben? Da räuspert sich Frau Schmidt: „Ähm, ich komme nicht mehr in eure Klasse, weil ich ein Baby bekomme." Frau Schmidts Stimme zittert ein bisschen und sie ist wohl ganz schön nervös.

Alle tuscheln und reden durcheinander. Till weiß nicht so recht, wie er sich verhalten soll. Klar freut er sich für Frau Schmidt. Aber wie wird es ohne sie werden? Frau Schmidt beantwortet geduldig die Fragen der Klasse: „Ich weiß noch nicht, ob es ein Junge oder Mädchen wird. Ja, ich werde bis zum Ende dieses Jahres bei euch bleiben. Wer euer neuer Klassenlehrer wird, das weiß ich noch nicht."

Langsam kehrt wieder etwas Ruhe ein. Frau Schmidt verteilt Arbeitsblätter an die Kinder. Till liest die gleiche Aufgabe schon zum dritten Mal. Da steht plötzlich Frau Schmidt hinter Till. „Na, Till. Bist du durcheinander?" Sie hat einfach ein gutes Gespür, wie es Till und den anderen Schülern geht. Frau Schmidt flüstert Till ins Ohr: „Weißt du Till, dass es bis zum Sommer noch eine ganze Weile hin ist? Ich bin sicher, dass du dich mit der neuen Lehrerin gut verstehen wirst. Du bist ein klasse Junge. Im letzten Jahr hast du große Fortschritte gemacht. Und ich komme euch auf jeden Fall besuchen." Till kann nur nicken. Er hat einen Kloß im Hals. Was Frau Schmidt zu ihm gesagt hat, hat trotzdem ganz schön gut getan. Und jetzt wartet er erst einmal ab, statt sich Sorgen zu machen.

1

Hier wurden Wörter aus dem Text ganz schön durcheinander geschüttelt. Ordne die Silben richtig und schreibe sie nach dem ABC auf.

beits • rin • richt •
jahr • spür • Ge •
Leh • Ar • ter •
ter • Un • Schul •
blät • re

a) ______________________

b) ______________________

c) ______________________

d) ______________________

e) ______________________

LESETRAINING IN DREI NIVEAUSTUFEN
3. Schuljahr – Bestell-Nr. 16 703
KOHL VERLAG Lernen mit Erfolg

3. Storchenalarm

!

2

Frau Schmidt erzählt die Geschichte aus ihrer Sicht.
Ordne die Sätze und schreibe die Zahlen 1–6 davor.
Vorsicht: Es sind auch falsche Sätze darunter!

	Alle redeten miteinander und tuschelten.
	Ich glaube, dass Tim unser Gespräch gut getan hat. Er schien wieder ruhiger zu werden.
	Heute war es soweit. Ich hatte mir vorgenommen, meiner Klasse davon zu erzählen, dass ich ein Baby bekomme. Als ich in die Klasse kam, war mir ganz schön mulmig zu Mute.
	Also bin ich zu ihm gegangen und habe mit ihm geredet. Er hat tolle Fortschritte gemacht und wird mir sicher fehlen. Aber er wird seinen Weg machen.
	Zum Glück bleibt mein Mann beim Baby zuhause und ich kann gleich wieder zurück in meine Klasse gehen.
	Nachdem ich mit den Kindern gesprochen hatte, waren sie ganz schön aufgeregt.
	Tim saß ganz verdattert vor seinem Arbeitsblatt.
	Felix und Jessica lachten und machten Witze darüber, dass ich bald kugelrund sein werde.

3

Beantworte die Fragen in vollständigen Sätzen.

a) Wie fühlte sich Frau Schmidt, als sie mit ihrer Klasse sprechen wollte?

____

b) Wer wird Tills neuer Klassenlehrer werden? ____________________

____

c) Wie geht es Till nach Frau Schmidts Ankündigung? ____________________

____

c) Was sagt Frau Schmidt zu Till? ____________________

____

____

KOHL VERLAG Lernen mit Erfolg
LESETRAINING IN DREI NIVEAUSTUFEN
3. Schuljahr – Bestell-Nr. 16 703

3. Storchenalarm

Till klappt die Kinnlade nach unten. Damit hat er nicht gerechnet! Gerade hat Frau Schmidt Tills Klasse eröffnet, dass sie im nächsten Schuljahr nicht mehr ihre Klassenlehrerin sein kann. Till mag Frau Schmidt sehr, denn sie ist eine lustige, freundliche und vor allem faire Lehrerin. Sie haben schon viele lustige Situationen erlebt und auch Till, dem das Lesen und Rechtschreiben nicht so leicht fällt, geht immer gerne in ihren Unterricht. Selbst die blöden Hausaufgaben lassen sich irgendwie ertragen.

Nun rast das Gedankenkarussel in Tills Kopf. Mag Frau Schmidt ihre Klasse nicht mehr? Haben sie es in letzter Zeit mit ihren Streichen übertrieben? Da räuspert sich Frau Schmidt und ihre Wangen färben sich rot. „Ähm, ja, ich komme nicht mehr in eure Klasse, weil ich ein Baby bekomme." Frau Schmidts Stimme zittert ein bisschen und sie ist wohl ganz schön nervös.

Lina beginnt zu jubeln: „Toll, das ist ja spitze!" Auch die anderen tuscheln, reden durcheinander und Emre umarmt Frau Schmidt sogar. Till weiß nicht so recht, wie er sich verhalten soll. Klar freut er sich für Frau Schmidt, dass sie ein Baby bekommt. Aber ihm ist auch jetzt schon ganz schön mulmig zu Mute, wie es ohne sie werden wird. Frau Schmidt beantwortet geduldig die Fragen der Klasse: „Ich weiß noch nicht, ob es ein Junge oder Mädchen wird. Ja, ich werde bis zum Ende dieses Jahres bei euch bleiben. Nein, wer neuer Klassenlehrer wird, das weiß ich noch nicht."

Langsam kehrt wieder etwas Ruhe im Klassenzimmer ein und Frau Schmidt verteilt Arbeitsblätter an die Kinder. Till liest die Arbeitsanweisung, aber es kommt irgendwie nichts an. Auch das zweite und dritte Lesen bringt nicht den gewünschten Erfolg. Da steht plötzlich Frau Schmidt hinter Till. „Na, Till. Bist du durcheinander?" Sie hat wohl doch ein gutes Gespür, wie es Till und den anderen Schülern geht. Till nickt und Frau Schmidt flüstert ihm ins Ohr: „Weißt du, Till, dass es bis zum Sommer noch eine ganze Weile hin ist? Und ich bin mir sicher, dass du dich auch mit der neuen Klassenlehrerin gut verstehen wirst. Du bist ein klasse Junge, der im letzten Jahr tolle Fortschritte gemacht hat. Du hast keinen Grund, dir Sorgen zu machen und wirst immer deinen Weg gehen. Und ich komme euch auf jeden Fall besuchen." Till kann nur nicken, irgendwie steckt ein Kloß in seinem Hals. Aber was Frau Schmidt zu ihm gesagt hat, hat trotzdem ganz schön gut getan. Und vielleicht bekommt sie ja einen Jungen, dem er seinen Megatorschuss vorführen kann.

1

Welche Wörter sind hier versteckt?

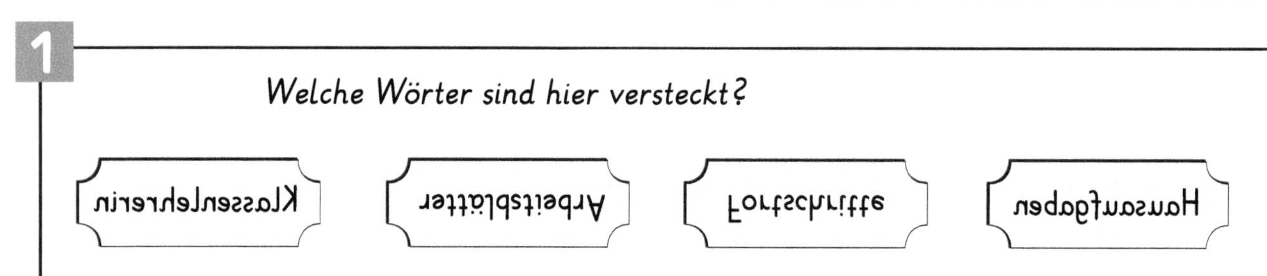

3. Storchenalarm

★

2

Finde alle Begriffe (auch rückwärts geschrieben) in diesem Suchsel und schreibe sie, falls es Nomen sind, mit Artikel auf.

I	W	U	K	F	V	Ü	W	D	A	L	G	E	S	P	Ü	R	P	E	N
R	T	K	Ö	D	B	M	E	T	J	L	D	U	O	L	Ä	S	E	E	R
G	Z	L	X	N	K	L	E	U	I	S	R	H	M	W	G	T	I	B	E
E	B	A	E	I	N	I	R	E	R	H	E	L	W	N	L	Z	I	O	T
N	X	S	Z	V	K	P	W	T	R	B	M	O	P	E	O	S	U	L	S
D	G	S	A	F	A	S	P	Ü	D	T	S	C	H	U	F	Q	U	L	Ü
W	B	E	U	I	F	Ä	R	B	E	N	Z	I	E	E	R	L	Ä	A	L
I	A	W	T	A	Z	H	U	W	T	U	J	G	C	B	E	E	T	M	F
E	R	O	S	I	T	U	A	T	I	O	N	A	T	Z	O	L	R	N	A
Ü	W	M	G	P	O	I	T	Z	B	O	W	G	I	D	L	U	D	E	G
L	Ü	B	E	R	T	R	E	I	B	E	N	I	E	Z	O	P	D	G	E

a) ______________________

b) ______________________

c) ______________________

d) ______________________

e) ______________________

f) ______________________

g) ______________________

h) ______________________

i) ______________________

j) ______________________

3

Finde selbst Fragen, die zu den Antworten passen.

a) ____

____

Frau Schmidt war sehr nervös, als sie mit der Klasse gesprochen hat.

b) ____

____

Nach den Ferien wird die Klasse einen neuen Lehrer bekommen.

c) ____

____

Niemand weiß bis jetzt, wer der neue Klassenlehrer sein wird.

d) ____

____

Till ist sehr verwirrt und kann sich nicht konzentrieren.

e) ____

____

Er mag Frau Schmidt sehr gerne und wird sie vermissen.

LESETRAINING IN DREI NIVEAUSTUFEN
3. Schuljahr – Bestell-Nr. 16 703
Lernen mit Erfolg KOHL VERLAG

4. Erwachsene haben immer Recht

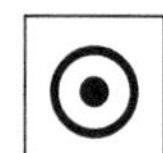

Sina, Mila und Lena kichern. Lenas Bruder dreht die Musik noch lauter. Die Mädchen jubeln und singen laut mit.

Tom fühlt sich nicht wohl. Er hängt gequetscht auf dem Rücksitz. Bei jeder Kurve wird Tom gegen die Tür gepresst. Sie sitzen zu viert auf der Rückbank des kleinen Autos, obwohl eigentlich nur drei Plätze da sind.

Sie haben Lenas Kindergeburtstag auf dem Indoorspielplatz gefeiert. Nun wollen sie noch bei Lena grillen. Lenas Bruder und ihre Mutter sollen die Kinder mit ihren Autos mitnehmen.

Dass die Plätze nicht reichen würden, hat Tom nicht gewusst. Lenas Mutter hat gelacht, als Tom nach dem Gurt gefragt hat. „Das kleine Stück kannst du ohne Gurt mitfahren. Wir sind ja in zehn Minuten schon zuhause. Da passiert schon nichts!" Tom kam sich blöd vor. Eigentlich darf er nur angeschnallt fahren. Aber er wollte nicht als Spaßverderber dastehen. Also hatte er sich doch in das Auto gequetscht.

Eigentlich hat Tom auf den Rest der Feier schon keine Lust mehr. Aber Lenas Mutter als Erwachsene hat gesagt, dass es in Ordnung sei und daran muss man sich als Kind doch halten, oder?

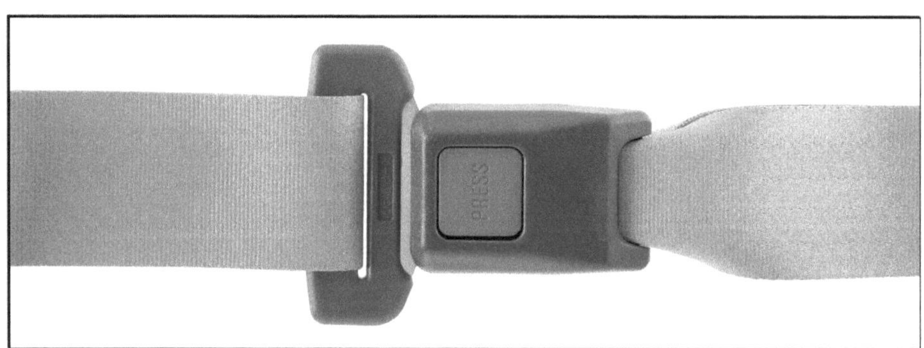

1

Setze die Silben wieder richtig zusammen. Schreibe die Begriffe dann auf.

der • wach • tag • len • burts • ge • bank • schnal • Ord • Rück • an • Kin • Er • se • nung • ne

a) ______________________ b) ______________________

c) ______________________ d) ______________________

e) ______________________

KOHL VERLAG Lernen mit Erfolg
LESETRAINING IN DREI NIVEAUSTUFEN
3. Schuljahr – Bestell-Nr. 16 703

4. Erwachsene haben immer Recht

2

Welche Aussagen stimmen? Kreuze an und finde das Lösungswort.

a)	Die Gurtpflicht gibt es in Deutschland erst seit Mitte der 1970er Jahre.	G
b)	Bereits seit 1954 ist es Pflicht, dass sich Personen in Deutschland in Kraftfahrzeugen anschnallen.	F
c)	Seit 2010 gibt es die Vorschrift, dass Kinder in Deutschland beim Mitfahren in Kraftfahrzeugen hinten sitzen müssen.	I
d)	Seit 1993 ist es vorgeschrieben, Kinder beim Mitfahren in Kraftfahrzeugen mit geeigneten Kindersitzen zu sichern.	L
e)	Wenn der Fahrer es erlaubt, darfst du auch ohne zusätzlichen Sitz im Auto mitfahren.	S
f)	Kinder, die größer als 150 cm sind, dürfen ohne zusätzlichen Sitz im Auto mitfahren.	Ü
g)	Hinten im Auto sitzen Tom, Lena und noch zwei weitere Kinder.	C
h)	Im Auto sitzen hinten Lena, Tom, der Bruder und noch zwei weitere Kinder.	T
i)	Lenas großer Bruder hat schon einen Führerschein und fährt nun mit lauter Musik, um die Kinder zu beeindrucken.	K
j)	Lenas Mutter fährt gerne schnell. Tom gefällt das gar nicht.	A

Lösungswort: _ _ _ _ _

3

Verbinde die Fragen mit den jeweils passenden Antworten.

Wie heißt der Fahrer des Autos?	A ○		○ 1	Lena feiert auf dem Indoorspielplatz.
Wo feiert Lena ihren Kindergeburtstag?	B ○		○ 2	Tom fühlt sich unwohl, weil er unangeschnallt im Auto mitfährt.
Weshalb wollen alle zu Lena fahren?	C ○		○ 3	Lenas Bruder fährt das Auto.
Weshalb fühlt Tom sich nicht wohl?	D ○		○ 4	Die Geburtstagsgesellschaft möchte bei Lena grillen.

LESETRAINING IN DREI NIVEAUSTUFEN
3. Schuljahr – Bestell-Nr. 16 703
Lernen mit Erfolg KOHL VERLAG

4. Erwachsene haben immer Recht

!

Kichernd stößt Lena gegen Tom und drückt ihn an die Autotür. Sina und sie amüsieren sich blendend. Philipp, Lenas Bruder, dreht die Musik gleich noch etwas lauter. Die Mädchen jubeln und singen laut mit.

Tom fühlt sich nicht wohl. Er hängt gequetscht auf dem Rücksitz. Bei jeder Kurve, die Philipp schwungvoll nimmt, wird Tom gegen die Tür gepresst. Das liegt daran, dass sie zu viert auf der Rückbank des kleinen Autos sitzen, obwohl eigentlich nur drei Plätze da sind. Aber Lena hat so viele Kinder eingeladen, dass nicht alle Platz in den beiden Autos gefunden haben.

Sie hatten Lenas Kindergeburtstag im Indoorspielplatz gefeiert. Jetzt wollen sie bei Lena im Garten noch Würstchen grillen. Dazu sollen Lenas Bruder und ihre Mutter die Kinder mit ihren Autos mitnehmen.

Dass die Plätze nicht reichen würden, hat Tom nicht gewusst. Lenas Mutter hatte gelacht, als Tom nach dem Gurt gefragt hatte. „Das kleine Stück kannst du ohne Gurt mitfahren. Wir sind ja in zehn Minuten schon zuhause. Da passiert schon nichts!" Tom kam sich blöd vor. Eigentlich darf er nur angeschnallt fahren. Aber er wollte nicht als Spaßverderber dastehen. Also hatte er sich doch zu den anderen in Philipps Auto gequetscht.

Tom sitzt nun unsicher im Auto und eigentlich hat er auf den Rest der Feier schon keine Lust mehr. Aber Lenas Mutter als Erwachsene hat ja gesagt, dass es in Ordnung sei und daran muss man sich als Kind doch halten, oder?

1

Beantworte die Fragen zum Text in vollständigen Sätzen.

a) Was könnte Tom zu Lenas Mutter sagen, als sie ihn nicht anschnallen will?

____

____

b) Im Text wird behauptet, dass Erwachsene immer Recht haben.
Was meinst du dazu?

____

____

c) Kennst du ein Beispiel, in dem ein Kind Recht hatte und ein Erwachsener Unrecht? Schreibe in dein Heft / in deinen Ordner.

LESETRAINING IN DREI NIVEAUSTUFEN
3. Schuljahr – Bestell-Nr. 16 703
KOHL VERLAG Lernen mit Erfolg

4. Erwachsene haben immer Recht

!

2

Verbinde die Sätze passend und finde das Lösungswort.

K	Erst seit Mitte der 1970er Jahre …	○	○	… Kinder im Auto mit passenden Sitzen gesichert werden müssen.	D
N	1993 trat eine Verordnung in Kraft, die besagt, dass …	○	○	… darfst du ohne Kindersitz im Auto mitfahren.	R
E	Erst wenn du größer als 150 cm oder älter als 12 Jahre bist, …	○	○	… sie noch nicht so viel Erfahrung darin haben, Geschwindigkeiten und Risiken richtig einzuschätzen.	Z
S	Lenas Mutter hat leider nicht richtig gehandelt. Auch auf kurzen Strecken …	○	○	… gibt es in Deutschland die Gurtpflicht.	I
T	Besonders junge Fahrer sind im Straßenverkehr gefährdet, weil …	○	○	… kann es zu einem Unfall kommen.	I

Lösungswort: _ _ _ _ _ _ _ _ _ _

3

Finde passende Begriffe aus dem Text.

Wörter mit 1 Silbe	Wörter mit 2 Silben	Wörter mit 3 Silben	Wörter mit 4 Silben

KOHL VERLAG

4. Erwachsene haben immer Recht

Kichernd stößt Lena gegen Tom und drückt ihn an die Autotür. Sina und sie kriegen sich fast nicht mehr ein und amüsieren sich offensichtlich blendend. Philipp, Lenas Bruder, dreht die Musik gleich noch etwas lauter. Die Mädchen jubeln und singen lauthals den Refrain mit.

Tom fühlt sich nicht wohl. Er hängt gequetscht auf dem Rücksitz und wird bei jeder Kurve, die Philipp absichtlich schwungvoll nimmt, gegen die Tür gepresst. Das liegt daran, dass sie wie die Hühner auf der Stange zu viert auf der Rückbank des kleinen Autos sitzen, obwohl eigentlich nur drei Plätze da sind. Aber Lena hat so viele Kinder zum Kindergeburtstag eingeladen, dass nicht alle Platz in den beiden Autos gefunden haben. Sie hatten einen tollen Mittag im Indoorspielplatz und wollen jetzt bei Lena im Garten noch Würstchen grillen. Vorhin waren alle Kinder von ihren Eltern zur Halle gebracht worden, jetzt sollten Lenas Bruder und ihre Mutter die Kinder mit ihren Autos mitnehmen.

Dass die Plätze nicht reichen würden, hatte Tom vorher nicht gewusst. Beim Einsteigen hatte Lenas Mutter gelacht, als Tom nach dem Gurt gefragt hatte. „Das kleine Stück kannst du ohne Gurt mitfahren. Wir sind ja in zehn Minuten schon zuhause!" Tom kam sich ganz blöd vor, denn eigentlich darf er nicht unangeschnallt fahren. Aber alle anderen hatten wohl kein Problem damit und er wollte nicht als Spaßverderber da stehen. Also hatte er sich doch zu den anderen in Philipps Auto gequetscht.

Bei jeder Kurve wird es Tom nun Angst und Bange und eigentlich hat er auf den Rest der Feier schon keine Lust mehr. Aber Lenas Mutter als Erwachsene hat ja gesagt, dass es in Ordnung sei und daran muss man sich als Kind doch halten, oder?! Wie würdest du dich an Toms Stelle verhalten?

1

Male die zusammengehörenden Paare in gleichen Farben an.

- Erst seit Mitte der 1970er Jahre …
- … gibt es in Deutschland die Gurtpflicht.
- … kann es zu einem Unfall kommen.
- … darfst du ohne Kindersitz im Auto mitfahren.
- … sie noch nicht so viel Erfahrung darin haben, Geschwindigkeiten und Risiken richtig einzuschätzen.
- Lenas Mutter hat leider nicht richtig gehandelt. Auch auf kurzen Strecken …
- 1993 trat eine Verordnung in Kraft, die besagt, dass …
- … Kinder im Auto mit passenden Sitzen gesichert werden müssen.
- Erst wenn du größer als 150 cm oder älter als 12 Jahre bist, …
- Besonders junge Fahrer sind im Straßenverkehr gefährdet, weil …

LESETRAINING IN DREI NIVEAUSTUFEN
3. Schuljahr – Bestell-Nr. 16 703

4. Erwachsene haben immer Recht

★

2

Immer zwei Bilder gehören zusammen.
Schreibe das zusammengesetzte Nomen auf.

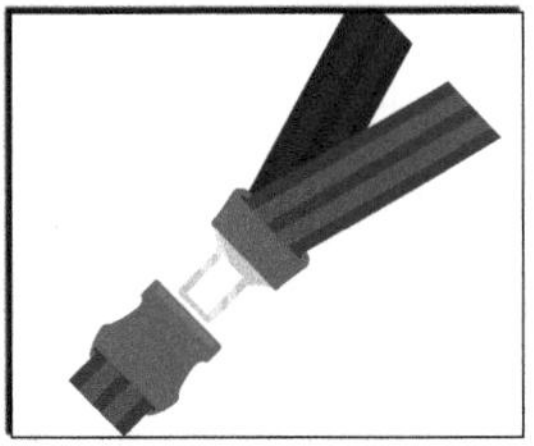

a) ______________________ b) ______________________

c) ______________________ d) ______________________

3

Beantworte die Fragen in vollständigen Sätzen.

a) Wer fährt zusammen mit Tom hinten im Auto mit?

____

____

b) Weshalb ist Tom nicht angeschnallt?

____

____

c) Wie fühlt sich Tom während der Autofahrt?

____

____

d) Im Text wird behauptet, dass Erwachsene immer Recht hätten.
Was meinst du dazu?

____

____

e) Wie würdest du dich an Toms Stelle verhalten?

____

____

LESETRAINING IN DREI NIVEAUSTUFEN
3. Schuljahr – Bestell-Nr. 16 703

5. Die Neue

Samira zappelt mit den Beinen. Sie muss dringend zur Toilette. Doch ausgerechnet heute will die Stunde kein Ende nehmen. Da klopft es laut. Die Tür zum Zimmer der Klasse 3a geht auf und der Schulleiter kommt herein. Herr Zimmer geht zu Frau Mölling, ihrer Klassenlehrerin, und bittet sie vor die Tür.

Nach einer Weile kommt Frau Mölling zurück. Sie hat ein zierliches Mädchen mit dunklem Zopf dabei. Schüchtern schaut es auf den Boden. Samira staunt. Bekommen sie ein neues Mädchen in ihre Klasse? Bislang sind sie nämlich nur vier Mädchen, sie selbst mitgezählt. Frau Mölling stellt das Mädchen vor: „Das ist Julia. Sie ist in dieser Woche aus Frankreich hergezogen. Julia war auf einer deutschen Schule und spricht Deutsch und Französisch. Neben wem könnte sie denn sitzen?" Samira meldet sich schnell. Frau Mölling grinst. „Prima, Samira. Setze dich neben Samira, Julia."

Es stellt sich heraus, dass Julia eigentlich gar nicht schüchtern ist. Sie erzählt Samira von der französischen Schule. Beide Mädchen müssen darüber lachen, dass sie gerne Schokoladeneis essen und ihr liebstes Hobby das Reiten ist. Und weil sie sich so gut verstehen, verabreden sie sich für ein Eis am Nachmittag. Das ist ja ein toller Start in der neuen Klasse!

1

In dieser Wörterschlange sind alle Wörter aneinandergeklebt.

a) Trenne sie mit einem Strich.

b) Es haben sich auch zwei Wörter versteckt, die nichts mit der Geschichte zu tun haben. Schreibe sie heraus.

a) ____________________

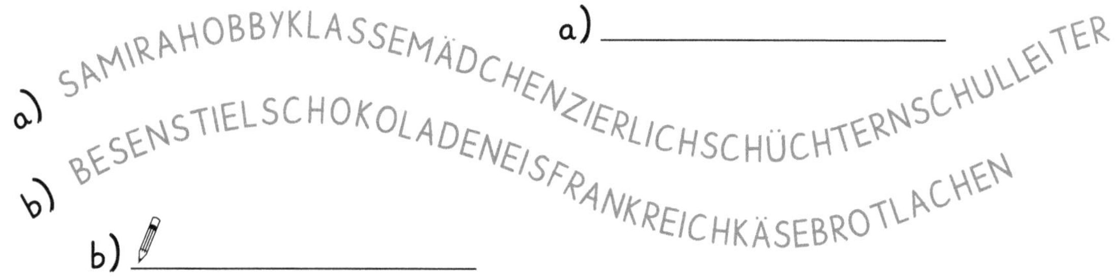

b) ____________________

2

Beantworte die Fragen mit kurzen Sätzen.

a) Wieso kommt der Schulleiter in die Klasse? ____________________

b) Wie heißt die neue Mitschülerin? ____________________

c) Wieso freut sich Samira so? ____________________

d) Was haben die beiden Mädchen gemeinsam? ____________________

5. Die Neue

!

Hoffentlich ist diese Stunde bald zu Ende. Samira muss dringend zur Toilette und ausgerechnet heute will die Mathestunde kein Ende nehmen. Ein lautes Klopfen lenkt Samira ab. Die Tür zum Zimmer der Klasse 3a geht auf und der Schulleiter kommt herein. Samira sieht schon, wie Kevin den Kopf einzieht. Wahrscheinlich befürchtet er, wieder einmal Ärger zu bekommen.

Doch heute will Herr Zimmer nicht zu Kevin. Er geht zu Frau Mölling, ihrer Klassenlehrerin und bittet sie vor die Tür. „Oh, oh, Kevin. Das wird ja heute besonders ernst, wenn die schon nach draußen gehen", ruft Niko. Alle lachen.

Da kommt Frau Mölling zurück. Sie hat ein zierliches Mädchen mit dunklem Zopf dabei. Schüchtern schaut es auf den Boden. Samira staunt. Bekommen sie etwa ein neues Mädchen in ihre Klasse? Bislang sind es nämlich 14 Jungs und nur 4 Mädchen, sie selbst mitgezählt. Frau Mölling stellt den Kindern das Mädchen vor: „Das ist Julia. Sie ist in dieser Woche aus Frankreich herzogen. Julia war auf einer deutschen Schule und spricht Deutsch und Französisch. Neben wem könnte sie denn sitzen? Wer würde sich um sie kümmern?" Sofort schnellt Samiras Finger nach oben. Frau Mölling grinst. „Das ist eine prima Idee, Samira. Setze dich neben Samira, Julia."

Den Rest des Tages verbringen Julia und Samira gemeinsam. Julia ist eigentlich gar nicht schüchtern. Sie erzählt Samira von der französischen Schule und davon, dass ihr Papa für seine Firma oft rund um die Welt unterwegs ist. Beide Mädchen müssen darüber lachen, dass sie liebend gerne Schokoladeneis essen und ihr liebstes Hobby das Reiten ist. Und weil sie sich so gut verstehen, verabreden sie sich für ein Eis am Nachmittag. Das ist ja ein toller Start in der neuen Klasse!

1

Finde den Gegensatz zu diesen Wörtern.

a) gemeinsam – ______________________

b) ernst – ______________________

c) draußen – ______________________

d) schüchtern – ______________________

e) lieben – ______________________

f) voll – ______________________

g) klein – ______________________

h) fern – ______________________

i) dünn – ______________________

j) hell – ______________________

2

Immer zwei Bilder ergeben zusammen einen Begriff aus dem Text. Wie heißen die gesuchten Begriffe?

- ______________________
- ______________________
- ______________________
- ______________________

LESETRAINING IN DREI NIVEAUSTUFEN
3. Schuljahr – Bestell-Nr. 16 703
KOHL VERLAG

6. Eine Frage des Gewissens

Hoffentlich ist diese Stunde bald zu Ende. Samira zappelt unter dem Tisch schon mit den Füßen. Sie muss fürchterlich dringend zur Toilette und ausgerechnet heute will die Mathestunde kein Ende nehmen. Ein lautes Klopfen lenkt Samira erst einmal von ihrem kleinen Problem ab. Die Tür zum Zimmer der Klasse 3a geht auf und der Schulleiter kommt herein. Samira sieht schon, wie Kevin im hinteren Teil des Zimmers seinen Kopf einzieht. Wahrscheinlich befürchtet er, wieder einmal Ärger zu bekommen. Kevin ist der Klassenclown und häufig in Streiche und Ärger verwickelt.

Doch heute will Herr Zimmer offensichtlich nicht zu Kevin. Er geht zielstrebig zu Frau Mölling, ihrer Klassenlehrerin und bittet sie vor die Tür. „Oh, oh, Kevin. Das wird ja heute besonders ernst, wenn die schon nach draußen gehen", ruft Niko. Alle lachen und Kevin meint: „Mein Name ist Hase, ich weiß von nichts."

In diesen Tumult hinein kommt Frau Mölling zurück. Sie hat ein zierliches Mädchen mit dunklem Zopf dabei. Schüchtern schaut es auf den Boden. Samira staunt und hat schon vergessen, was gerade noch so dringend war. Bekommen sie etwa endlich ein neues Mädchen in ihre Klasse? Bislang sind es nämlich 14 Jungs und nur 4 Mädchen, sie selbst mitgezählt. Frau Mölling stellt das Mädchen vor: „Das ist Julia. Sie ist in dieser Woche aus Frankreich herzogen, weil ihre Eltern in unserem Ort eine neue Arbeitsstelle gefunden haben. Julia war auf einer deutschen Schule und spricht Deutsch und Französisch. Neben wem könnte sie denn sitzen? Wer würde sich die nächsten Wochen etwas um sie kümmern?" Sofort schnellt Samiras Finger nach oben. Frau Mölling grinst. „Das ist eine prima Idee, Samira. Du hast ja eh schon lange auf ein neues Mädchen gewartet. Setze dich neben Samira, Julia."

Den Rest des Tages verbringen Julia und Samira gemeinsam und es stellt sich heraus, dass Julia gar nicht schüchtern ist. Sie erzählt Samira von ihrem Alltag in der französischen Schule und davon, dass ihr Papa als Ingenieur für eine Firma oft rund um die Welt unterwegs ist. Außerdem stellen die Mädchen fest, dass sie beide liebend gerne Schokoladeneis essen und ihr liebstes Hobby das Reiten ist. Und weil sie sich so gut verstehen, verabreden sie sich sogar gleich für ein Eis am Nachmittag. Das ist ja ein toller Start in der neuen Klasse!

1

Finde einen passenden Begriff für die Reihe.

a)	Bleistift	Füller	Tintenschreiber	
b)	Schnuller	Kinderwagen	Strampler	
c)	Lehrer	Sekretärin	Rektor	
d)	Mathematik	Sport	Deutsch	

2

Hier hat der Fehlerteufel zugeschlagen.
Verbessere die Fehler und schreibe den Text richtig ab.

Heute Bekommt Die Klasse Eine Neue Mitschülerin. Das Mädchen heißt Ella und wirkt sehr schüchtern. julia war zuvor auf einer deutschen schule in guatemala. Deshalb spricht sie Deutsch und Französisch. Samira freut sich besonders, dass die Mädchen Verstärkung bekommen. Ahls dieh beihden dahnn noch fehststellen, dahss sieh viehle Gehmeinsamkeiten haben, freuen sieh sich. Samira und Julia reiten gerne und essen gerne Schokoladeneis.

6. Eine Frage des Gewissens

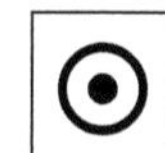

Jeden Tag läuft Paula mit ihrem Freund Lars und dessen kleiner Schwester Jule zur Schule. Mittags geht Paula aber nicht nach Hause, sondern in den Schülerhort. Paulas Mama ist alleinerziehend. Sie muss bis spät am Abend arbeiten. Deshalb ist oft keiner zuhause. Damit Paula sich dann nicht alleine fühlt, macht sie sich ihre Musik laut an. Das mögen ihre Nachbarn leider gar nicht... Paula wünscht sich einen MP3-Player mit Kopfhörer. Doch der ist sehr teuer. Paula spart schon ihr Taschengeld, aber das reicht längst nicht.

Als Paula an diesem Morgen mit Lars und Jule zur Schule geht, ist sie ungewohnt still. Herr Grohe, der Nachbar, hat sich wieder bei Mama über die laute Musik beschwert. Paula kickt kleine Steine aus dem Weg, als sie plötzlich stutzt. Was liegt denn dort unter der leeren Plastikflasche? Vorsichtig schaut sie nach und jubelt: „Das ist ja ein 50-Euro-Schein!" Lars meint: „Du bist ein Glückspilz. Jetzt kannst du dir den MP3-Player kaufen."

Doch kann Paula den Schein behalten? Das Geld gehört ja jemandem, der es sicher nicht absichtlich dort hingeworfen hat. Aber es steht kein Name darauf und niemand kann beweisen, dass das nicht Paulas Geld ist. Paula steckt den Schein in ihre Tasche. Sie kämpft mit sich. Behalten oder ehrlich sein? Dann siegt ihr schlechtes Gewissen. Über einen Player, der mit diesem Geld gekauft wurde, könnte sich Paula nie so richtig freuen.

Paula meldet ihren Fund im Fundbüro. Dort hört sie sogar vom Finderlohn. Als sie Mama davon erzählt, ist die sehr stolz auf ihre ehrliche Tochter. Sie verspricht, ihr schon jetzt, einen kleinen Finderlohn in die Spardose zu werfen.

1

Streiche die Wörter durch:

- alle, die vier Buchstaben haben
- alle, die mit e enden
- alle, die mit m anfangen

Was bleibt übrig?

____

Mittagessen • Musik • Fang • erst • Marmelade • Milch • meinen
meistens • muss • Meinung • malen • viel • lang • Lama • Lisa
Lars • Dose • Fund • Geld • Büro • Jule • Lohn • Schein

2

Beantworte die Fragen in vollständigen Sätzen.

a) Wieso möchte Paula das Geld nicht behalten?

____

b) Worauf spart Paula?

____

c) Weshalb hat Paula mit dem Nachbarn Ärger?

____

d) Wie reagiert Paulas Mutter?

____

6. Eine Frage des Gewissens

!

Jeden Tag läuft Paula mit ihrem Freund Lars und dessen kleiner Schwester Jule zur Schule. Das macht sie meistens gerne, denn sie kommen an einer Pferdekoppel vorbei. Dann krault Paula den Pferden die Stirn.

Mittags geht Paula nicht nach Hause, sondern in den Schülerhort. Paulas Mama ist alleinerziehend und muss bis spät am Abend arbeiten. Deshalb ist oft keiner zuhause, wenn Paula heimkommt. Damit sie sich dann nicht alleine fühlt, macht Paula sich laut Musik an. Das mögen ihre Nachbarn leider gar nicht ... Aus diesem Grund wünscht sich Paula einen pinken MP3-Player mit Kopfhörer. Paulas Mutter kann ihn ihr nicht einfach kaufen, denn er ist sehr teuer. Paula spart schon ihr Taschengeld, aber das reicht längst nicht.

Als Paula an diesem Morgen mit Lars und Jule zur Schule geht, ist sie ungewohnt still. Herr Grohe, der Nachbar, hat sich wieder bei Mama über Paulas laute Musik beschwert. Mama hat zwar nicht geschimpft, aber man hat ihr angemerkt, dass sie ganz schön genervt war. Paula kickt kleine Steine aus dem Weg, als sie plötzlich stutzt. Was liegt denn dort unter der leeren Plastikflasche? Vorsichtig hebt sie die Flasche hoch und jubelt: „Das ist ja ein 50-Euro-Schein!" Jule staunt und Lars meint: „Du bist ja ein Glückspilz. Jetzt kannst du dir ja doch den MP3-Player kaufen." Daran hat Paula noch gar nicht gedacht.

Doch kann sie den Schein einfach behalten? Das Geld gehört ja jemandem, der es sicherlich nicht absichtlich dort auf den Weg geworfen hat. Aber es steht kein Name darauf und es kann schließlich niemand beweisen, dass das nicht Paulas Geld ist. Paula steckt den Schein in ihre Tasche. Sie redet nicht mehr über ihren Fund und kämpft mit sich. Behalten oder ehrlich sein? Letztlich überzeugt sie ihr schlechtes Gewissen. Über einen Player, der mit diesem Geld gekauft wurde, könnte sich Paula nie so richtig freuen.

Paula meldet im Fundbüro ihren Fund. Dort hört sie sogar vom Finderlohn oder dass man nicht abgeholte Fundstücke am Ende sogar behalten darf. Als sie mit Mama darüber spricht, ist die ganz schön stolz auf ihre vernünftige und ehrliche Tochter. Sie verspricht, ihr schon jetzt einen kleinen Finderlohn in die Spardose zu werfen.

6. Eine Frage des Gewissens

!

1

Finde jeweils ein Wort aus dem Text, das zu dem Rahmen passt.

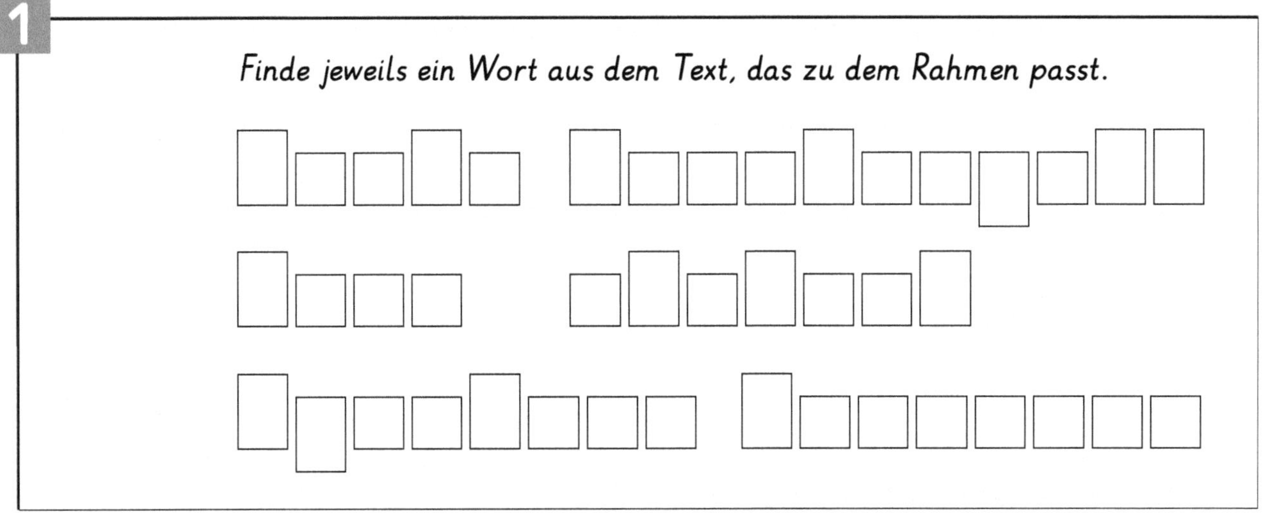

2

Löse das Kreuzworträtsel.

a) Was findet Paula?
b) Mit wem geht Paula zur Schule?
c) Oft … sich Paula alleine.
d) Wenn du auf dem Weg zur Schule frierst, ziehst du dir eine … über.
e) Paulas Mutter möchte ihr eine Belohnung in ihre … stecken.
f) Worauf spart Paula?
g) Der Nachbar mag es nicht, wenn Paula … macht.
h) Welche Farbe soll Paulas Player haben?
i) Ein ehrlicher Finder bekommt manchmal einen …

Lösungswort: _ _ _ _ _ _ _ _ _ Z

LESETRAINING IN DREI NIVEAUSTUFEN
3. Schuljahr – Bestell-Nr. 16 703
KOHL VERLAG

6. Eine Frage des Gewissens

Vielleicht ist dir schon einmal etwas Ähnliches wie Paula in dieser Geschichte passiert. Ist es dir auch so schwer gefallen, dich richtig zu entscheiden? Paula jedenfalls musste ganz schön grübeln und mit sich kämpfen. Doch lies am besten selbst ...

Paula läuft jeden Tag mit ihrem Freund Lars und dessen kleiner Schwester Jule zur Schule. Das macht sie gerne, denn sie kommen an einer Pferdekoppel vorbei. Dann nehmen sie sich immer etwas Zeit und Paula krault den Pferden die Stirn. Besonders gerne mag sie den Schecken, der mit seinem weichen Maul immer an ihrer Schulter rumknabbert. Mittags geht Paula nicht direkt nach Hause, sondern ist bis zum frühen Abend im Schülerhort. Paulas Mama ist alleinerziehend und muss immer lange arbeiten. Wenn Paula dann heimkommt, ist oftmals noch keiner da. Dann fühlt Paula sich oft alleine und macht sich ihre Musik laut an. Das mögen ihre Nachbarn leider gar nicht ... Deshalb wünscht sich Paula schon seit langem einen MP3-Player mit Kopfhörer. Aber einen in pink! Leider sind diese Geräte aber sehr teuer und Paulas Mutter kann ihn ihr nicht einfach kaufen. Und bis zum nächsten Geburtstag ist es noch so lange hin! Paula spart schon ihr Taschengeld, aber das reicht natürlich längst nicht. Und wenn das so weitergeht, wird es noch Jahre dauern, bis Paula das Geld für ihr Technikspielzeug zusammen hat.

Als Paula an diesem Morgen mit Lars und Jule zur Schule geht, ist sie ungewohnt still. Mama hatte gestern Ärger im Büro und dann hatte sich auch noch Herr Grohe, der Nachbar, über Paulas laute Musik beschwert. Paula findet das so ungerecht, denn erstens war es noch nicht spät und zweitens schaut er abends immer Fernsehen mit voll aufgedrehtem Ton. Mama hat zwar nicht geschimpft, aber man hat ihr angemerkt, dass sie ganz schön genervt war. Paula kickt kleine Steine aus dem Weg und weicht einer vorwitzigen Schnecke aus, als sie plötzlich stutzt. Was liegt denn dort unter der leeren Plastikflasche? Sie hebt die Flasche mit spitzen Fingern hoch und jubelt: „Wow, das ist ja ein 50-Euro-Schein!" Vielleicht ist der Tag heute ja doch nicht so schlecht. Jule und Lars staunen und Lars meint: „Spitze, du bist ja ein Glückspilz. Jetzt kannst du dir ja doch den MP3-Player kaufen." Stimmt, daran hat Paula noch gar nicht gedacht. Aber eigentlich gehört das Geld ja jemandem. Und der hat es sicherlich nicht absichtlich dort auf den Weg geworfen. Aber es steht ja kein Name darauf und es kann schließlich niemand beweisen, dass das nicht Paulas Geld ist. Paula steckt den Schein in ihre Tasche und läuft in die Schule. Sie redet nicht mehr über ihren Fund und kämpft mit sich. Behalten oder ehrlich sein? Letztlich überzeugt sie ihr schlechtes Gewissen. Und über einen Player, der mit diesem Geld gekauft ist, könnte sich Paula auch nie so richtig freuen. Also marschiert Paula zum Fundbüro und meldet ihren Fund. Und sie hört dort sogar vom Finderlohn oder dass man nicht wieder abgeholte Fundstücke am Ende sogar behalten darf. Als sie mit ihrer Mama darüber spricht, ist die ganz schön stolz auf ihre vernünftige und ehrliche Tochter und verspricht, ihr schon jetzt einen kleinen Finderlohn in die Spardose zu werfen.

LESETRAINING IN DREI NIVEAUSTUFEN
3. Schuljahr – Bestell-Nr. 16 703

6. Eine Frage des Gewissens

✶

1

Finde passende Wörter aus dem Text.

2-silbig	3-silbig	1-silbig
Paula	Finderlohn	mehr

2

Beantworte die folgenden Fragen ausführlich.

a) Weshalb heißt die Geschichte wohl „Eine Frage des Gewissens"?

b) Findest du Paulas Verhalten richtig? Hättest du genauso gehandelt?

7. Ich bin doch kein Baby mehr

Clara versteht ihre Eltern manchmal nicht. Immer wieder hört sie, dass sie mit neun Jahren doch schon groß ist. Clara soll selbstständig werden und alleine ihr Zimmer aufräumen oder Klavier üben.

Nun möchte Clara beweisen, dass sie schon alleine etwas schafft. Sie möchte mit ihren Freundinnen ohne Eltern in die Stadt fahren. In den Geschäften möchten sie nach Krimskrams stöbern und vielleicht noch Eis essen. Clara freut sich schon darauf, ihr Taschengeld auszugeben.

Claras Mutter ist damit jedoch nicht einverstanden. Sie stellt sich alle möglichen Katastrophen vor: Clara könnte die Haltestelle verpassen oder sich verlaufen.

Clara findet das gemein. Julia und Emma waren schon zwei Mal in der nächsten Stadt einkaufen. Die beiden sind auch nicht verloren gegangen. Und Clara ist schließlich kein Baby mehr!

Mehrere Tage lang wird in Claras Familie über das Thema diskutiert. Am Ende hat Clara zumindest einen Kompromiss erreicht. Sie darf mit ihren Freundinnen in die Stadt fahren. Auf dem Rückweg wird sie dann von Mama mit dem Auto abgeholt.

Clara fühlt sich schon ganz kribbelig vor Vorfreude. Ob das Sprichwort „Vorfreude ist die schönste Freude" hier wohl stimmt?

1

Finde acht Begriffe aus dem Text im Suchsel.

R	W	V	E	R	L	O	R	E	N	M	O	W	F	J	Ä	R	H	T	I
Q	U	A	G	B	K	W	I	P	B	M	W	Z	T	L	K	I	A	C	E
E	I	K	A	T	A	S	T	R	O	P	H	E	T	W	U	N	L	T	R
S	A	G	K	L	T	Z	I	P	Ö	R	U	V	B	M	W	Z	T	O	R
K	V	O	R	F	R	E	U	D	E	A	S	Z	T	E	K	P	E	B	E
I	Ü	W	F	Z	U	A	S	J	E	O	L	P	C	H	E	T	S	M	I
D	I	S	K	U	T	I	E	R	E	N	D	I	E	R	B	I	T	S	C
R	U	I	P	D	H	W	T	C	H	A	I	G	L	E	F	U	E	H	H
W	M	U	I	A	E	Ü	Y	G	U	M	L	A	U	R	V	I	L	W	E
Z	O	L	E	A	L	L	E	I	N	E	R	E	I	E	N	B	L	A	N
O	P	H	S	T	M	Q	U	O	C	H	R	U	A	T	Z	N	E	I	O

a) ______________________ e) ______________________

b) ______________________ f) ______________________

c) ______________________ g) ______________________

d) ______________________ h) ______________________

LESETRAINING IN DREI NIVEAUSTUFEN 3. Schuljahr – Bestell-Nr. 16 703
KOHL VERLAG Lernen mit Erfolg

7. Ich bin doch kein Baby mehr

2

Finde das passende Nomen aus dem Text und setze es in die Lücken ein.

a) Immer wieder kommt es vor, dass man sich bei einem Streit oder einer Meinungsverschiedenheit nicht einig wird. Hier bietet sich ein ______________________ an. Das bedeutet, dass beide Seiten eine Lösung finden und sich entgegenkommen.

b) Ist man mit Bus oder Bahn unterwegs, kann man leider nicht überall aus- oder einsteigen. Dafür gibt es festgelegte Punkte, die sogenannten ______________________.

c) Oft freuen wir uns schon im Voraus auf besondere Ereignisse wie ein tolles Fußballspiel oder Geburtstage. Diese freudige Erwartung nennt man ______________________.

d) Ist man unterwegs und möchte wieder zurück nach Hause, steht noch der ______________ an.

3

Verbinde die Satzteile. Du erhältst Sätze aus dem Text.

a)	Clara soll selbstständig werden …	○	○	… über das Thema diskutiert.	1.
b)	Clara könnte die Haltestelle verpassen …	○	○	… ohne Eltern in die Stadt fahren.	2.
c)	Mehrere Tage lang wird in Claras Familie …	○	○	… und alleine ihr Zimmer aufräumen oder Klavier üben.	3.
d)	Julia und Emma waren schon …	○	○	… zwei Mal in der nächsten Stadt einkaufen.	4.
e)	Sie möchte mit ihren Freundinnen …	○	○	… oder sich verlaufen.	5.

LESETRAINING IN DREI NIVEAUSTUFEN
3. Schuljahr – Bestell-Nr. 16 703
KOHL VERLAG Lernen mit Erfolg

7. Ich bin doch kein Baby mehr

!

Manchmal versteht Clara die Welt nicht mehr. Einerseits möchten ihre Eltern, dass Clara selbstständig wird. Sie soll alleine ihr Zimmer aufräumen und alleine Klavier üben. Stets ermahnen ihre Eltern sie, dass sie mit neun Jahren alt genug dafür ist. Mama und Papa möchten Clara nicht ständig und täglich an alles erinnern müssen. Dieses Gespräch kennst du wahrscheinlich auch, oder?

Nun möchte Clara selbstständig sein und traut sich zu, mit ihren Freundinnen in die Stadt zu fahren. Natürlich ohne Eltern! Die Mädchen möchten ihr Taschengeld in den Geschäften der Fußgängerzone ausgeben und vielleicht ein Eis essen. Damit ist Claras Mutter jedoch nicht einverstanden. Sie stellt sich alle möglichen Katastrophen vor: Clara könnte die Haltestelle verpassen, sich verlaufen oder mit ihrem Geld nur unnützes Zeug kaufen.

Clara findet das gemein, denn Julia und Emma waren schon zwei Mal in der nächsten Stadt einkaufen. Die beiden sind schließlich auch nicht verloren gegangen. Außerdem möchte Clara auch so gerne durch die riesige Auswahl an Krimskrams mit dem Logo ihrer Lieblingsserie stöbern. Sie ist schließlich kein Baby mehr!

Nachdem mehrere Tage über das Thema diskutiert wurde, hat Clara zumindest einen Kompromiss erreicht: Sie darf mit ihren Freundinnen in die Stadt fahren, wird aber von Mama auf dem Rückweg mit dem Auto abgeholt.

Morgen soll es soweit sein und Clara fühlt sich schon ganz kribbelig vor Vorfreude. Ob das Sprichwort „Vorfreude ist die schönste Freude" hier wohl stimmt?

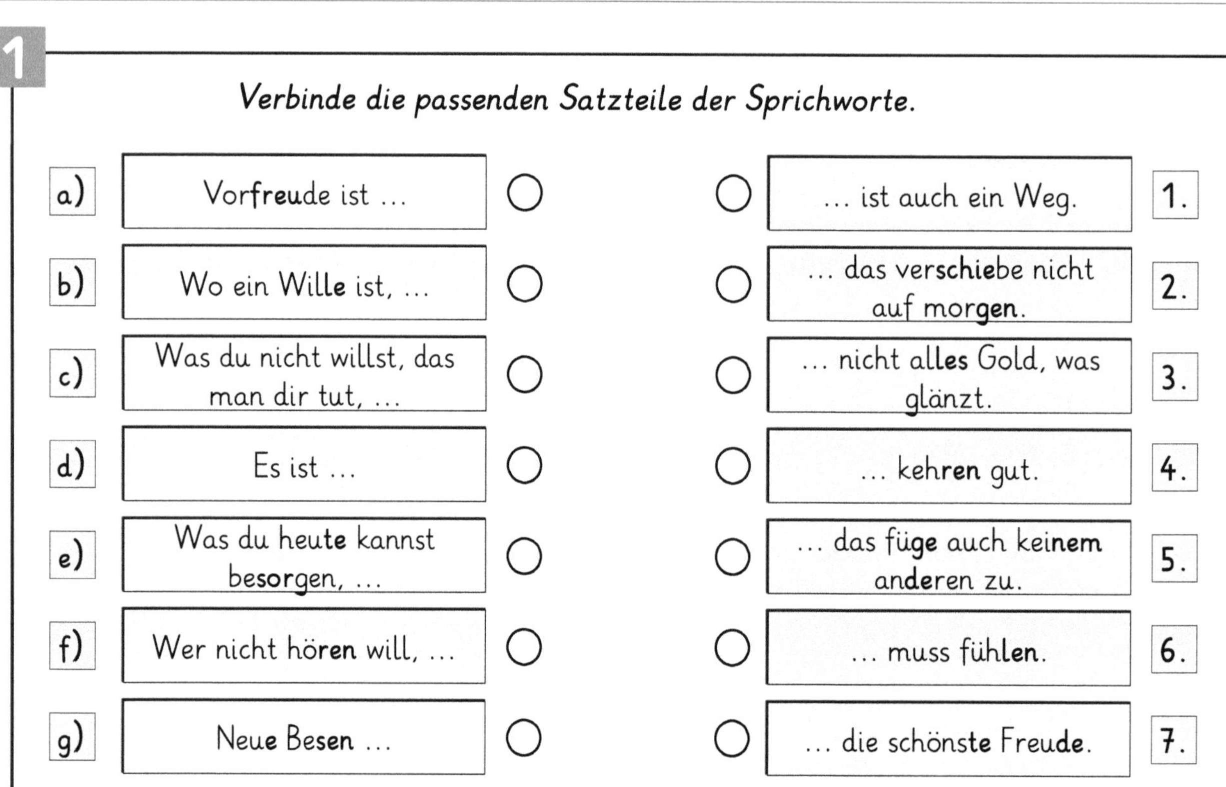

1

Verbinde die passenden Satzteile der Sprichworte.

a)	Vorfreude ist ...	○	○	... ist auch ein Weg.	1.
b)	Wo ein Wille ist, ...	○	○	... das verschiebe nicht auf morgen.	2.
c)	Was du nicht willst, das man dir tut, ...	○	○	... nicht alles Gold, was glänzt.	3.
d)	Es ist ...	○	○	... kehren gut.	4.
e)	Was du heute kannst besorgen, ...	○	○	... das füge auch keinem anderen zu.	5.
f)	Wer nicht hören will, ...	○	○	... muss fühlen.	6.
g)	Neue Besen ...	○	○	... die schönste Freude.	7.

LESETRAINING IN DREI NIVEAUSTUFEN
3. Schuljahr – Bestell-Nr. 16 703
KOHL VERLAG

7. Ich bin doch kein Baby mehr

!

2

a) Finde alle sechs Begriffe (auch rückwärts geschrieben) aus dem Text im Suchsel. Markiere sie farbig und schreibe sie auf.

N	T	E	I	X	K	E	R	R	E	I	C	H	E	N	E	Z	A	K
E	G	J	E	T	T	N	L	S	R	Z	O	P	B	M	W	R	A	N
R	W	T	Z	I	N	B	Z	O	P	F	B	J	D	W	T	K	L	B
E	E	C	H	E	H	P	O	R	T	S	A	T	A	K	I	W	L	O
I	D	H	J	L	P	E	Z	T	G	M	S	D	S	I	W	A	E	Y
T	Z	O	D	R	T	U	M	V	G	S	A	Z	U	K	P	Ö	I	A
U	T	U	O	P	C	G	J	W	D	T	M	X	B	U	P	A	N	Z
K	G	K	H	A	L	T	E	S	T	E	L	L	E	W	Q	U	E	G
S	Z	O	W	F	N	K	E	T	I	J	F	Ä	S	R	I	E	C	H
I	D	T	U	O	A	W	B	K	F	U	P	Ö	C	H	S	W	Z	M
D	W	Z	R	I	E	D	U	E	R	F	R	O	V	A	C	H	U	O

a) ______________________

b) ______________________

c) ______________________

d) ______________________

e) ______________________

f) ______________________

b) Schreibe mit jedem Begriff einen Satz.

a) ____

b) ____

c) ____

d) ____

e) ____

f) ____

3

Finde die richtige Antwort. Es entsteht ein Lösungswort.

a) Claras Eltern möchten, dass ihre Tochter alleine ...

M ... ihr Zimmer aufräumt. N ... ihr Zimmer lüftet.

b) Dort möchten die Mädchen ihr Taschengeld ausgeben ...

A ... in den Geschäften der Fußgängerzone.

U ... im Spielwarengeschäft der Fußgängerzone.

c) Wie heißen Claras Freundinnen?

I ... Julia und Emma E ... Juliane und Emma

d) Clara möchte durch die riesige Auswahl an Krimskrams ...

N ... mit dem Logo ihrer Lieblingsserie stöbern.

M ... mit dem Logo ihres Lieblingssängers stöbern.

e) Wie lange wurde über das Thema diskutiert?

S ... drei Tage Z ... mehrere Tage

Lösungswort:

LESETRAINING IN DREI NIVEAUSTUFEN
3. Schuljahr – Bestell-Nr. 16 703

7. Ich bin doch kein Baby mehr

Manchmal versteht Clara die Welt nicht mehr. Einerseits möchten ihre Eltern, dass Clara selbstständig wird, ihr Zimmer aufräumt und alleine Klavier übt. Da bekommt sie stets zu hören, dass sie doch mit neun Jahren alt genug ist und sie Clara nicht ständig und täglich an alles erinnern müssen. Dieses Gespräch kennst du wahrscheinlich auch, oder?

Nun möchte Clara selbstständig sein und traut sich zu, mit ihren Freundinnen Julia und Emma ohne Eltern in die Stadt zu fahren. Die Mädchen möchten ihr Taschengeld in den Geschäften der Fußgängerzone für tollen Krimskrams ausgeben und vielleicht noch ein Eis essen. Damit ist jedoch Claras Mutter ganz und gar nicht einverstanden. Sie ist der Meinung, dass Clara sich mit dem Fahrplan zu wenig auskenne, womöglich die Haltestelle verpassen könnte und zudem mit ihrem Geld nur unnützes Zeug im Kaufhaus kaufen würde.

Clara findet das fies und gemein, denn Julia und Emma waren schon zwei Mal in der nächsten Stadt einkaufen und sind schließlich auch nicht verloren gegangen. Außerdem möchte Clara auch so gerne durch die riesige Auswahl an Stiften, Notizbüchern und Krimskrams mit dem Logo ihrer Lieblingsserie stöbern. Sie ist ja kein Baby mehr und soll ja ansonsten auch alles Mögliche schaffen!

Nachdem das Thema mehrere Tage für schlechte Stimmung zuhause gesorgt hat, hat Clara zumindest einen Kompromiss erreicht: Sie darf mit Emma und Julia in die Stadt fahren, wird aber von Mama auf dem Rückweg mit dem Auto abgeholt.

Morgen soll es soweit sein und Clara fühlt sich schon ganz kribbelig vor Vorfreude. Ob das Sprichwort „Vorfreude ist die schönste Freude" hier wohl stimmt?

1

Beantworte die Fragen in kurzen Sätzen in deinem Heft.

a) Was möchten die Eltern von Clara?

b) Weshalb wird in Claras Familie diskutiert?

c) Findest du den Kompromiss, den Claras Familie getroffen hat, gelungen? Finde ein eigenes Beispiel für einen Kompromiss.

d) Was bedeutet wohl das Sprichwort „Vorfreude ist die schönste Freude"?

LESETRAINING IN DREI NIVEAUSTUFEN
3. Schuljahr – Bestell-Nr. 16 703

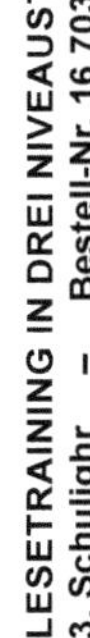

7. Ich bin doch kein Baby mehr

2

Verbinde den Begriff mit der passenden Erklärung.

	Begriff			Erklärung	
a)	Kompromiss	○	○	Ist man mit Bus oder Bahn unterwegs, kann man leider nicht überall aus- oder einsteigen. Dafür gibt es festgelegte Punkte.	1.
b)	Krimskrams	○	○	Immer wieder kommt es vor, dass man sich bei einem Streit oder einer Meinungsverschiedenheit nicht einig wird. Hier bietet es sich an, dass beide Seiten eine Lösung finden und sich entgegenkommen.	2.
c)	Vorfreude	○	○	Ist man unterwegs und möchte wieder zurück nach Hause, steht stets die Rückreise an.	3.
d)	Haltestellen	○	○	In fast jedem Haushalt oder Geschäft findet sich mehr oder weniger wertloses Zeug oder Kleinigkeiten, die sich ansammeln.	4.
d)	Heimweg	○	○	Die Erwartung im Voraus auf besondere Ereignisse wie ein tolles Fußballspiel oder Geburtstage nennt man …	5.

3

Finde die richtige Antwort. Es entsteht ein Lösungswort.

a) Claras Eltern möchten, dass ihre Tochter alleine …

M … ihr Zimmer aufräumt. I … das Wohnzimmer aufräumt. N … ihr Zimmer lüftet.

b) Dort möchten die Mädchen ihr Taschengeld ausgeben…

E … in den Geschäften entlang der Hauptstraße.
A … in den Geschäften der Fußgängerzone.
U … im Spielwarengeschäft der Fußgängerzone.

c) Wie heißen Claras Freundinnen?

I … Julia und Emma E … Juliane und Emma O … Julie und Esra

d) Clara möchte durch die riesige Auswahl an Krimskrams …

F … mit dem Logo ihrer Lieblingsband stöbern.
N … mit dem Logo ihrer Lieblingsserie stöbern.
M … mit dem Logo ihres Lieblingssängers stöbern.

e) Wie lange wurde über das Thema diskutiert?

L … mehrere Stunden S … drei Tage Z … mehrere Tage

LESETRAINING IN DREI NIVEAUSTUFEN
3. Schuljahr – Bestell-Nr. 16 703
Lernen mit Erfolg KOHL VERLAG

8. Instrumentenkarussell

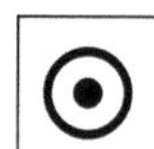

Im Musikraum ist heute ganz schön was los. Esras Gesicht ist schon rot wie bei einer Tomate. Ihre Backen sind aufgeblasen wie bei einem Frosch. Ihr Musiklehrer lacht los. „Wer gewinnt denn da, Esra. Du oder die Posaune?" Da muss Esra auch lachen. Sie findet die glänzende Posaune so schön. Aber einen Ton hört man nicht. Esras Lehrer meint: „Du bist so geschickt mit deinen Fingern. Probiere doch einmal ein Streichinstrument aus."

Julian und Felix stehen gerade neben Alexio. Er ist der Kleinste der Klasse. Und er möchte ausgerechnet den großen Kontrabass ausprobieren. Alexio muss sich mit seinem ganzen Gewicht gegen das schwere Instrument stemmen. Trotzdem weiß man nicht, ob nicht gleich beide umfallen.

Diesen Schnuppertag hatten sich die Drittklässler nicht so lustig vorgestellt. Die Musikschule und der Musikverein besuchen heute die Schule. Sie stellen verschiedene Instrumente vor. Wer sich für das Erlernen eines Blas- oder Streichinstruments entscheidet, kann in der Bläser- oder Streicherklasse mitmachen. Das wird gefördert und ist für die Familien recht günstig. Außerdem können die Schüler in einem Orchester mitspielen. So lernen die Kinder viel in kurzer Zeit. Und was Esra am meisten begeistert: das Orchester macht jedes Jahr zusammen ein Probewochenende auf einer Hütte. Das wird sicher ein Riesenspaß!

1

Verbinde die passenden Satzteile miteinander.

a)	Esra bläst …	○	○	… heute im Musikraum der Schule statt.	1.
b)	Der Instrumenten-schnuppertag findet …	○	○	… doch einmal ein Streichinstrument zu probieren.	2.
c)	Alexio ist der Kleinste der Klasse, aber …	○	○	… wie wild in die Posaune, aber es kommt kein Ton heraus.	3.
d)	Jedes Jahr macht das Orchester …	○	○	… ein Probewochenende auf einer Hütte.	4.
e)	Der Lehrer empfiehlt Esra, …	○	○	… Musikverein gefördert und ist deshalb recht erschwinglich.	5.
f)	Die Bläserklasse wird vom …	○	○	… spielt das größte und schwerste Instrument.	6.

LESETRAINING IN DREI NIVEAUSTUFEN
3. Schuljahr – Bestell-Nr. 16 703

8. Instrumentenkarussell

2

a) Ordne die Silben zu den Instrumentennamen.
Schreibe sie unter das passende Bild.

b) Welches Wort bleibt übrig? Male selbst.

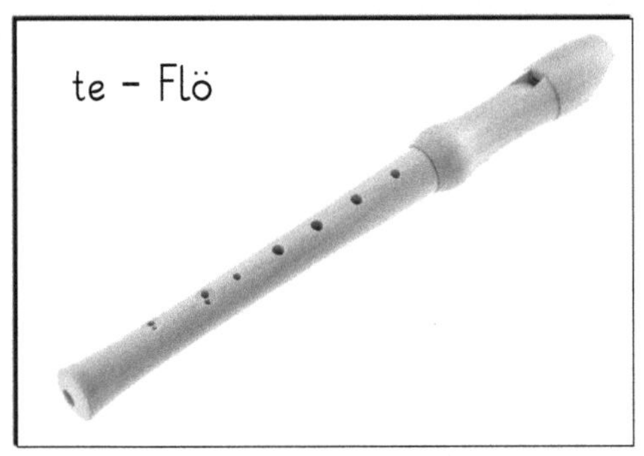
te – Flö

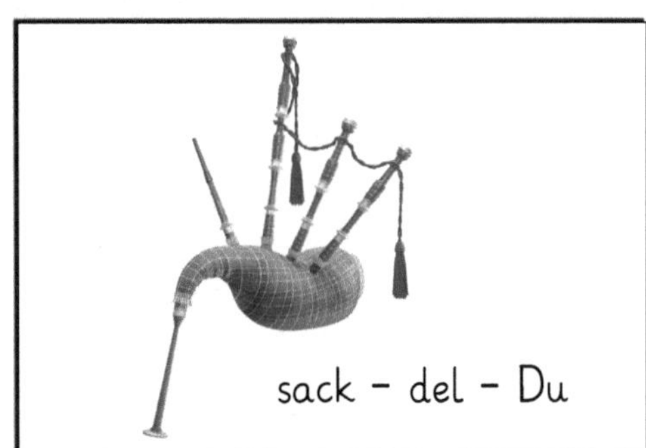
sack – del – Du

a) ______________________ b) ______________________

te – Trom – pe

ge – Gei

c) ______________________ d) ______________________

8. Instrumentenkarussell

!

Esra schaut aus, als ob ihr gleich der Kopf platzen würde. Ihre Backen sind aufgeblasen und ihre Gesichtsfarbe nähert sich einer Tomate. Der Musiklehrer lacht los. „Wer gewinnt denn da, Esra. Du oder die Posaune?"

Da muss Esra mitlachen. Sie schafft es tatsächlich nicht, der Posaune einen Ton zu entlocken. Dabei gefällt ihr das glänzende goldene Instrument so gut.

Auf der anderen Seite des Raumes werden gerade die Streichinstrumente vorgestellt. Der Lehrer meint: „Esra, du bist so geschickt mit deinen Fingern. Vielleicht wäre ein Streichinstrument eher etwas für dich."

Julian und Felix stehen gerade neben Alexio. Er ist der Kleinste der Klasse. Ausgerechnet er hat sich an das Ausprobieren eines Kontrabasses gewagt. Alexio muss sich mit seinem ganzen Gewicht gegen das schwere Instrument stemmen. Trotzdem weiß man nicht, ob nicht gleich beide umfallen.

Diesen Instrumentenschnuppertag hatten sich die Drittklässler nicht halb so lustig vorgestellt. Die Musikschule und der Musikverein besuchen heute die Schule. Sie stellen den Kindern verschiedene Instrumente vor. Wer sich für das Erlernen eines Blas- oder Streichinstruments entscheidet, kann an der Bläser- oder Streicherklasse teilnehmen. Das wird gefördert und ist für die Familien recht günstig. Außerdem können die Schüler in einem Orchester mitspielen. So lernen die Kinder viel in kurzer Zeit. Und was Esra am meisten begeistert: das Orchester macht jedes Jahr zusammen ein Probewochenende auf einer Hütte. Das wird sicher ein Riesenspaß!

1

Finde die richtige Antwort.

a) Esra versucht ... einen Ton zu entlocken.

☐ ... der Posaune ☐ ... der Trompete

b) Wo werden die Streichinstrumente vorgestellt?

☐ ... in einem anderen Raum ☐ ... auf der anderen Seite des Raumes

c) Wer ist der Kleinste der Klasse?

☐ ... Julian ☐ ... Alexio

d) Was findet alljährlich auf einer Hütte statt?

☐ ... der Instrumentenschnuppertag ☐ ... ein Probewochenende

e) Für wen ist der Instrumentenschnuppertag?

☐ ... für die Zweitklässler ☐ ... für die Drittklässler

LESETRAINING IN DREI NIVEAUSTUFEN
3. Schuljahr – Bestell-Nr. 16 703
KOHL VERLAG Lernen mit Erfolg

8. Instrumentenkarussell

!

2

Verbinde die passenden Satzteile miteinander.

a)	Esra bläst …	… heute im Musikraum …	… der Schule statt.
b)	Der Instrumenten-schnuppertag findet …	… ein Probe-wochenende …	… doch einmal ein Streichinstrument zu probieren.
c)	Alexio ist der Kleinste der Klasse, aber …	… Musikverein ge-fördert und ist …	… aber es kommt kein Ton heraus.
d)	Jedes Jahr macht das Orchester …	… er spielt das größte und …	… auf einer Hütte.
e)	Der Lehrer …	… wie wild in die Posaune, …	… deshalb recht erschwinglich.
f)	Die Bläserklasse wird vom …	… empfiehlt Esra, …	… schwerste Instrument.

3

Finde die zehn Instrumentennamen im Suchsel und markiere sie farbig.

F	W	T	U	O	C	T	R	O	M	P	E	T	E	O	P	H	C	S	J	L	A	Ö	N	W
Z	A	E	T	U	N	M	W	Ä	J	D	H	N	S	C	I	P	C	K	P	W	Z	U	Y	Q
O	L	S	T	N	B	L	O	C	K	F	L	Ö	T	E	T	Ö	C	J	O	I	P	W	D	U
S	D	U	I	E	T	Z	N	D	F	J	Ö	S	E	V	N	X	S	R	S	T	I	P	I	E
F	H	F	H	D	U	D	E	L	S	A	C	K	G	I	Ä	X	V	H	A	W	D	U	R	R
J	O	H	A	R	T	V	N	K	I	E	R	B	L	P	S	F	T	U	U	X	H	I	E	F
M	R	T	U	P	Q	H	L	S	C	H	R	U	P	G	J	S	R	H	N	S	H	O	S	L
W	N	Z	O	W	R	G	N	K	T	U	B	A	E	H	O	V	F	K	E	S	R	H	N	Ö
T	R	O	P	L	Ä	D	G	B	W	T	U	C	H	R	Z	O	C	H	W	J	I	Z	E	T
Q	E	B	R	A	T	S	C	H	E	D	U	O	P	C	H	V	I	O	L	I	N	E	R	E
U	E	U	G	J	W	I	B	K	D	C	E	L	L	O	R	N	L	D	I	O	D	R	Y	Ä

Schreibe sie hier heraus: ____________________

____

8. Instrumentenkarussell

Esra schaut aus, als ob ihr gleich der Kopf platzen würde. Ihre Backen sind aufgeblasen wie bei einem vollgefressenen Hamster und ihre Gesichtsfarbe nähert sich fast der einer vollreifen Tomate. Herr Fischer, der Musiklehrer, lacht laut los. „Hilfe, Esra, wer gewinnt denn da. Du oder die Posaune?"

Da muss auch Esra mitlachen. Sie schafft es tatsächlich trotz größter Anstrengung nicht, der Posaune einen Ton zu entlocken. Dabei gefällt ihr das glänzende goldene Instrument so gut.

Herr Fischer schiebt sie mit Nachdruck auf die andere Seite des Raumes. Dort stellt die Musikschule gerade Streichinstrumente vor. „Esra, du bist so geschickt und feinfühlig. Vielleicht wäre ein Streichinstrument eher etwas für dich. Magst du dir nicht die Bratsche einmal anschauen?"

Julian und Felix prusten im hinteren Teil des Zimmers laut heraus. Sie stehen neben Alexio, der mit Abstand der Kleinste der Klasse ist. Ausgerechnet er hat sich an das Ausprobieren eines Kontrabasses gewagt. Jetzt kippt das schwere Instrument und Alexio muss sich mit seinem ganzen Gewicht dagegen stemmen. Trotzdem weiß man nicht, ob er nicht gleich unter dem Bass begraben wird.

Diesen Instrumentenschnuppertag hatten sich die Drittklässler nicht halb so lustig vorgestellt. Die Musikschule und der Musikverein besuchen heute die Schule, um den Kindern verschiedene Instrumente vorzustellen. Diese dürfen dann auch ausprobiert werden und manch ein Kind erlebt wie Esra eine Überraschung. Wer sich im Anschluss zusammen mit seinen Eltern für das Erlernen eines Blas- oder Streichinstruments entscheidet, kann an der Bläser- oder Streicherklasse teilnehmen. Das wird gefördert und ist für die Familien recht günstig. Außerdem können die Schüler in einem Orchester mitspielen und lernen so recht viel in kurzer Zeit. Und was Esra am meisten begeistert: Das Orchester macht jedes Jahr zusammen ein Probewochenende auf einer Hütte. Das wird sicher ein Riesenspaß!

1

Welche Aussagen stimmen? Kreuze an.

		richtig	falsch
a)	Esras Gesichtsfarbe nähert sich der Farbe einer vollreifen Tomate.		
b)	Esra ist geschickt und feinfühlig.		
c)	Esra versucht sich mit Erfolg an der Posaune.		
d)	Die Kinder, die an der Bläserklasse teilnehmen, dürfen mit zum jährlichen Hüttenwochenende.		
e)	Die Kinder können an der Bläser- oder Streicherklasse teilnehmen.		

LESETRAINING IN DREI NIVEAUSTUFEN
3. Schuljahr – Bestell-Nr. 16 703
KOHL VERLAG Lernen mit Erfolg

8. Instrumentenkarussell

2

Finde die richtige Antwort.

a) Esra versucht … einen Ton zu entlocken.

☐ … der Posaune ☐ … der Trompete ☐ … der Oboe

b) Wo werden die Streichinstrumente vorgestellt?

☐ … in einem anderen Raum ☐ … auf der anderen Seite des Raumes

c) Wer ist der Kleinste der Klasse?

☐ … Julian ☐ … Alexio ☐ … Felix

d) Was findet alljährlich auf einer Hütte statt?

☐ … der Instrumentenschnuppertag ☐ … ein Probewochenende ☐ … ein Konzert

e) Für wen ist der Instrumentenschnuppertag?

☐ … für die Zweitklässler ☐ … für die Drittklässler ☐ … für die Erstklässler

3

Finde die zehn Instrumentennamen im Suchsel (auch rückwärts geschrieben) und markiere sie farbig. Ordne sie dann den Streich- oder Blasinstrumenten zu. Achtung: ein Instrument bleibt übrig!

F	N	T	U	O	C	T	R	O	M	P	E	T	E	O	P	H	C	S	J	L	A	Ö	N	W
Z	R	E	T	U	N	M	W	Ä	J	D	H	N	S	C	I	P	C	K	P	W	Z	U	Y	Q
O	O	S	T	N	E	T	Ö	L	F	K	C	O	L	B	T	Ö	C	J	O	I	P	W	D	U
S	H	U	I	E	T	Z	N	D	F	J	Ö	S	E	V	N	X	S	R	S	T	I	P	I	E
F	D	F	H	D	U	D	E	L	S	A	C	K	G	I	Ä	X	V	H	A	W	D	U	R	R
J	L	H	A	R	T	V	N	K	I	E	R	B	L	P	S	F	T	U	U	X	H	I	E	F
M	A	T	U	P	Q	H	L	S	C	H	R	U	P	G	J	S	R	H	N	S	H	O	S	L
W	W	Z	O	W	R	G	N	K	A	B	U	T	E	H	O	V	F	K	E	S	R	H	N	Ö
T	R	O	P	L	Ä	D	G	B	W	T	U	C	H	R	Z	O	C	H	W	J	I	Z	E	T
Q	E	B	R	A	T	S	C	H	E	D	U	O	P	C	H	E	N	I	L	O	I	V	R	E
U	E	G	J	W	I	B	K	D	C	E	L	L	O	R	N	L	D	I	O	D	R	Y	Ä

Streichinstrumente	Blasinstrumente

Übrig bleibt: ____________________

LESETRAINING IN DREI NIVEAUSTUFEN
3. Schuljahr – Bestell-Nr. 16 703

9. Ferien auf dem Bauernhof

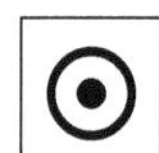

Bei Familie Weber geht es heute chaotisch zu. Alle packen ihren Koffer für den Urlaub. Nils stopft gerade seine Kleidung in seinen Koffer und steckt noch Fernglas und Kescher dazwischen. Er drückt kräftig auf den Deckel und zerrt am Reißverschluss. „Oh nein!", stöhnt Nils' Mama, als sie ins Zimmer kommt. Sie lacht dabei aber zum Glück. Als endlich das Auto gepackt ist, seufzt Nils' Mama erleichtert auf. „Puh, jetzt beginnt der Urlaub auch für mich!"

Seit Nils drei Jahre alt war, verbringen die Webers ihre Ferien auf einem Bauernhof an der Ostsee. Zusammen mit den Hofkindern Felix, Laura und Jan sind die Ferien für Nils immer ein großes Abenteuer. Sie bauen sich Höhlen im Heu und dürfen darin übernachten. Aber auch beim Füttern der Tiere, beim Baden in der Ostsee und beim Grillen von Würstchen über dem Lagerfeuer vergeht die Zeit wie im Flug.

Am letzten Ferientag ist Nils schlecht gelaunt. Als Laura draußen nach ihm ruft, reagiert er zunächst nicht. Erst nach dem dritten Rufen trottet er nach draußen. Er staunt, als alle versammelt im Hof stehen. „Lieber Nils, damit du immer wieder zu uns kommen musst, haben wir eine Überraschung für dich." Wie auf Kommando kommen Felix und Jan mit einem zappelnden Kalb um die Ecke. Es ist schwarz-weiß gefleckt und zappelt am Strick. Nils wird Pate des frechen Kälbchens. Er soll sogar einen Namen aussuchen. Als Nils dann mit seinen Eltern ins Auto steigt, ist er zwar traurig, aber weiß ja nun, dass er regelmäßig wiederkommen muss. Als Pate muss er sich schließlich um seine Mia kümmern!

1

Setze die richtigen Wörter in den Lückentext ein.

tolle • Traumurlaub • Fohlens • Bauernhof • egal • Kleidung • Glück

Ferien auf dem ______________ sind für viele Kinder ein besonderes Erlebnis. Die Bauern bieten für ihre Feriengäste oft __________ Sachen an: Mitfahren auf dem Traktor, Tiere füttern oder wenn du viel __________ hast, erlebst du vielleicht auch die Geburt eines Kälbchens oder eines ______________.

Auf dem Bauernhof ist es auch ____________, wenn du nicht immer die vornehmste ______________ trägst. Das findet auch Nils toll. Für ihn und viele andere Kinder sind Ferien auf dem Bauernhof ein echter ____________________!

2

Wie heißen die Tierkinder? Verbinde passende Wörter und Bilder.

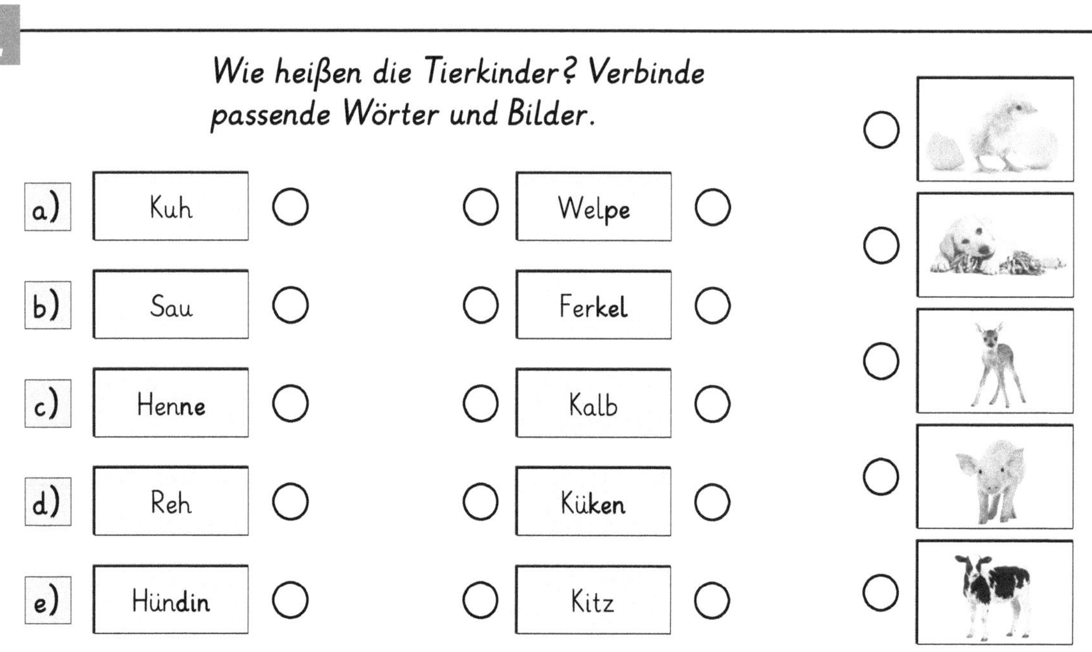

9. Ferien auf dem Bauernhof

!

In der Wohnung der Familie Weber herrscht heute Ausnahmezustand. Nils wirft gerade hektisch T-Shirts in seinen Koffer und steckt noch Fernglas und Kescher dazwischen. Er drückt kräftig auf den Deckel und zerrt am Reißverschluss des Koffers. „Oh nein!", stöhnt Nils' Mama, als sie mit einem Arm frisch gewaschener Handtücher ins Zimmer kommt. Da sie dabei aber lacht, weiß Nils, dass er kein wirkliches Donnerwetter zu befürchten hat. Als endlich das Auto gepackt ist, seufzt Nils' Mama erleichtert auf. „Puh, jetzt beginnt der Urlaub auch für mich!"

Seit Nils drei Jahre alt war, verbringen die Webers ihre Ferien auf einem Bauernhof an der Ostsee. Für Nils ist die Ferienzeit zusammen mit den Hofkindern Felix, Laura und Jan immer ein großes Abenteuer. Sie bauen sich Höhlen im Heu und dürfen darin sogar übernachten. Aber auch beim Füttern der Tiere, beim Baden in der Ostsee und beim Grillen von Würstchen über dem Lagerfeuer vergeht die Zeit wie im Flug.

Am letzten Ferientag ist die Stimmung auf dem Hof sehr gedrückt. Missmutig packt Nils seinen Koffer. Als Laura draußen nach ihm ruft, reagiert er zunächst nicht. Erst nach dem dritten Rufen trottet er nach draußen. Er staunt, als alle versammelt im Hof stehen. „Lieber Nils, es ist auch für uns schade, wenn die Ferien zu Ende gehen. Aber damit du immer wieder zu uns kommen musst, haben wir eine Überraschung für dich." Wie auf Kommando kommen Felix und Jan mit einem zappelnden Kalb am Strick um die Ecke. Es ist schwarz-weiß gefleckt und wurde sogar mit einer roten Schleife um den Hals geschmückt. Nils wird Pate des frechen Kälbchens und soll sogar einen Namen aussuchen. Er nennt die kleine Kuh Mia und ist sehr stolz. Als er dann mit seinen Eltern ins Auto steigt, ist er zwar traurig, aber weiß ja nun, dass er regelmäßig wiederkommen muss. Als Pate muss er sich schließlich um seine Mia kümmern!

1

Setze die richtigen Wörter aus dem Text in den Lückentext ein.

Die ____________ auf dem ________________ gehen immer viel zu schnell vorbei. Am letzten Ferientag ist deshalb Nils' ______________ auch sehr mies. Doch die tolle ______________ rettet diese. Nils kann es kaum glauben, dass er ________ für das Kalb ________ werden soll. Jetzt freut er sich sicherlich noch viel mehr darauf, in den Ferien ______________________.

2

a) Wie heißen die Tierkinder? Schreibe den richtigen Namen darunter.
b) Wie heißen die Mütter? Finde die richtigen Begriffe aus den Silben und ordne sie zu.

Hün • din • Kuh • Reh • Sau

LESETRAINING IN DREI NIVEAUSTUFEN
3. Schuljahr – Bestell-Nr. 16 703

9. Ferien auf dem Bauernhof

Hektisch wirft Nils T-Shirts in seinen Koffer und steckt noch sein Fernglas und seinen Kescher dazwischen. Dass ein Hosenbein seitlich rausschaut, macht ihm nichts aus. Er drückt kräftig auf den Deckel und zerrt am Reißverschluss des Koffers.

„Oh nein!", stöhnt Nils' Mama, als sie mit einem Arm frisch gewaschener Handtücher ins Zimmer kommt. „Mensch Nils, wir fahren zwar nur auf den Bauernhof, aber einigermaßen ordentlich sollten deine Kleider wenigstens ankommen." Da sie dabei aber lacht, weiß Nils, dass er kein wirkliches Donnerwetter zu befürchten hat.

Gemeinsam schaffen sie es dann glücklicherweise auch, den vollgepackten Koffer zu schließen. Er sieht zwar aus wie eine Schildkröte vor dem Platzen, aber zu ist zu.

Als dann endlich auch noch alle Koffer, Taschen und Gummistiefel ins Auto gepackt sind und sich die Türen hinter Familie Weber schließen, seufzt Nils' Mama erleichtert auf. „Puh, jetzt beginnt der Urlaub auch für mich!"

Wie jeden Sommer fahren die Webers auf einen Bauernhof an die Ostsee. Seit Nils drei Jahre alt war, verbringen sie dort eine tolle Zeit mit den Bauersleuten Tina und Ole und deren Kindern Felix, Jan und Laura. Mittlerweile sind sie sogar schon Onkel Ole und Tante Tina für Nils geworden. Für die Kinder ist die Ferienzeit immer ein großes Abenteuer. Sie bauen sich Höhlen im Heu und dürfen darin sogar übernachten. Das ist besonders für Nils ein Höhepunkt der Ferien. Aber auch beim Füttern der Schafe und Rinder, beim Baden in der Ostsee und beim Grillen von Würstchen über dem Lagerfeuer vergeht die Zeit wie im Flug. Nils Mama stöhnt meist nur noch die ersten Tage über den verdreckten und nach Stall riechenden Nils, danach kapituliert sie und genießt die ruhigen Stunden im Obstgarten. Dort kann sie sich auf den Liegestuhl legen, in Ruhe einen guten Krimi lesen und wird oft von Tina mit einem selbstgemachten Eistee verwöhnt.

Am letzten Ferientag ist die Stimmung auf dem Hof allerdings sehr gedrückt. Missmutig packt Nils seinen Koffer und grummelt vor sich hin. Deshalb reagiert er zunächst auch nicht, als Laura draußen nach ihm ruft. Erst nach dem dritten Rufen trottet er nach draußen und staunt, als die ganzen Hofbewohner versammelt neben dem Auto der Familie Weber stehen. „Lieber Nils, schau doch nicht so grimmig. Es ist auch für uns schade, wenn die Ferien zu Ende gehen. Aber damit du auch die nächsten Jahre immer wieder zu uns kommen musst, haben wir eine Überraschung für dich." Wie auf Kommando kommen Felix und Jan mit einem zappelnden Kalb am Strick um die Ecke. Es ist schwarz-weiß gefleckt und wurde von den Jungs sogar mit einer roten Schleife um den Hals geschmückt. Nils' wird Pate des frechen Kälbchens uns soll sogar einen Namen aussuchen. Er nennt die kleine Kuh Mia und ist sehr stolz. Als er dann mit seinen Eltern ins Auto steigt, ist er zwar traurig, aber weiß ja nun, dass er regelmäßig wiederkommen muss. Als Pate muss er sich schließlich um seine Mia kümmern!

LESETRAINING IN DREI NIVEAUSTUFEN
3. Schuljahr – Bestell-Nr. 16 703
KOHL VERLAG

9. Ferien auf dem Bauernhof

★

1

Beantworte die folgenden Fragen zum Text in vollständigen Sätzen.

a) Wer gehört zur Familie des Bauern?

b) Was ist damit gemeint, dass Nils Mama „kapituliert"?

c) Wieso ist sich Nils sicher, dass er zukünftig wiederkommen wird?

2

Was ist gemeint? Löse das Rätsel und schreibe den Begriff dazu.

a)	Ich bin kein Einzelkind und habe auf einen Schlag bis zu acht Geschwister. Meine Haut ist glatt und trägt harte Borsten. Ich fresse alles, sogar Fleisch. Zur Tragezeit meiner Mutter sagt man, dass sie drei Monate, drei Wochen und drei Tage dauert.	
b)	Ich bin ein großes Arbeitsgerät und komme im Sommer zum Einsatz. Oftmals bin ich so breit, dass Autos mir auf der Straße ausweichen müssen. Im Sommer siehst du wie ich Getreide oder Mais schneide und Körner und Halme trenne. Über ein großes Rohr fallen die Körner dann heraus.	
c)	Ich bin eine beliebte Pflanze in vielen Ländern der Welt. Mein Stängel wächst eher hoch, sodass es sogar Labyrinthe aus mir gibt. Meine Körner wachsen in einem Kolben und werden für viele verschiedene Sachen verwendet. Im Kino lieben viele Menschen meine Körner als Popcorn.	

LESETRAINING IN DREI NIVEAUSTUFEN
3. Schuljahr – Bestell-Nr. 16 703
KOHL VERLAG Lernen mit Erfolg

10. Der Supersprung

„Nino, Nino!" Lena hält sich schon die Ohren zu, weil ihr das Geschrei der Kinder zu laut ist. Alle sind aufgekratzt, als Nino auf dem Trampolin an der Reihe ist. Tim, Nino, Laura, Jannis, Silas und Antonia haben sich in Tims Garten getroffen. Sie einigten sich auf eine Runde Trampolin springen.

Jeder springt einzeln und wird kräftig angefeuert. Nino kündigt an: „Leute, ich zeige euch den Supersprung!" Nino stößt sich ab. Er zieht die Knie zur Brust und fliegt in einem Salto durch die Luft. „Wahnsinn, Nino!", schreit Silas. Doch da geht etwas schief! Nino kommt schräg auf und landet am Rand des Sprungtuches. Er will sich abfangen und fällt mit seinem ganzen Schwung auf seinen Arm.

Nino stöhnt auf. „Aua, mein Arm!" Der Arm hängt schlapp da. Nino weint und stöhnt. Lena geht jede Woche zur Jugend des Deutschen Roten Kreuzes. Dort haben sie oft geübt, was in solchen Situationen wichtig ist. Lena schickt zuerst Jannis los, einen Erwachsenen zu holen. Sie versucht, Nino zu beruhigen. Blöderweise sind die Eltern gerade weggefahren. Also nimmt Lena das Handy und wählt den Notruf. „Hallo, hier ist Lena Bergmann", sagt sie, als die Leitstelle sich meldet. „Ich bin im Garten der Heidelberger-Straße 5 und hier hat sich ein Junge beim Spielen den Arm verletzt. Wahrscheinlich ist er gebrochen." Im weiteren Gespräch klärt der Mitarbeiter des Notrufes alles Wichtige mit Lena. Er erinnert sie daran, dass an der Straße jemand auf den Rettungsdienst warten soll. Wenn ihm jemand winkt, muss der Fahrer des Wagens nicht so lange suchen.

Nach einiger Zeit kommt der Rettungsdienst angefahren. Die Kinder sind erleichtert, dass jemand sich um Nino kümmert. Glücklicherweise kommen Tims Eltern zurück. Sie sind auch schockiert, nehmen den Kindern aber die Angst und sagen Ninos Eltern Bescheid.

Am nächsten Morgen ist Nino schon wieder in der Schule und der Star auf dem Pausenhof. Sein Arm trägt einen gelben Gipsverband. Lena ist auch stolz: Als Belohnung hat sie von Ninos Eltern einen Eisgutschein bekommen.

1

Finde zusammengesetzte Nomen im Text und schreibe sie mit ihren Artikeln zerlegt auf.
Beispiel: Schulhaus = die Schule + das Haus

a) ____________________

b) ____________________

c) ____________________

d) ____________________

KOHL VERLAG Lernen mit Erfolg
LESETRAINING IN DREI NIVEAUSTUFEN
3. Schuljahr – Bestell-Nr. 16 703

10. Der Supersprung

2

Fülle den Lückentext richtig aus. Die Wörter im Kasten helfen dir dabei.

lebensgefährlichen • Erste-Hilfe-Kurs • Lena • Ersthelfer • Nino
Notfall • Informationen • überlegt • Absetzen • schnelles

Jeder Mensch kann einmal in die Lage kommen, im Notfall ______________________
zu sein. Dann ist es wichtig, richtig und ________________ zu handeln.
_____________ hat sich genau richtig verhalten.
Sie hat beim Jugendrotkreuz immer wieder geübt, was im ______________
zu tun ist. Auch ein _________________________ macht Sinn für Kinder und
Erwachsene. Außerdem sollte jeder die Notrufnummer 112 kennen und üben, welche
_______________________ für
das _________________ eines Notrufes wichtig sind.
___________ hat sich in der Geschichte zum Glück
nicht schwer verletzt, aber bei einem Unglück mit
_________________________ Verletzungen zählt
________________ und richtiges Reagieren!

3

Finde die richtige Antwort.

a) Die Freunde haben sich in … Garten getroffen.
☐ … Lauras ☐ … Ninos ☐ … Tims

b) Die Freunde wollen eine Runde…
☐ … Tretroller fahren. ☐ … Trampolin springen. ☐ … Weitsprung üben.

c) Wer verletzt sich?
☐ … Silas ☐ … Nino ☐ … Laura

d) Welche Farbe hat Ninos Gipsverband?
☐ … grün ☐ … gelb ☐ … grau

LESETRAINING IN DREI NIVEAUSTUFEN
3. Schuljahr – Bestell-Nr. 16 703
KOHL VERLAG

10. Der Supersprung

„Nino, Nino!" Lena hält sich schon die Ohren zu, weil ihr das Geschrei der anderen Kinder doch zu laut ist.

Alle sind sehr aufgekratzt, als Nino auf dem Trampolin an der Reihe ist. Tim, Nino, Laura, Lena, Jannis, Silas und Antonia haben sich in Tims Garten getroffen. Sie einigten sich auf eine Runde Trampolin springen.

Jeder zeigt nun sein Können und wird kräftig angefeuert.

Besonders Nino genießt es, im Mittelpunkt zu stehen. Er kündigt an: „Leute, jetzt zeige ich euch den phänomenalen Supersprung! Da bleibt euch der Mund offen und die Ohren wackeln!"

Noch während Lena kichert und Nino einen Angeber nennt, holt dieser Schwung und stößt sich ab. Nino fliegt in einem beeindruckend hohen Salto über das Sprungtuch. Doch etwas geht gewaltig schief! Nino kommt schräg auf und landet am Rand des Sprungtuches. Er will sich noch abfangen und klappt den Ellenbogen nach außen. Dabei fällt er mit seinem ganzen Gewicht und Schwung darauf. Da hört man Nino auch schon aufstöhnen. „Aua, mein Arm!" Der Arm hängt irgendwie durch.

Lena geht schon seit einiger Zeit zu den Treffen der Jugend des Deutschen Roten Kreuzes. Dort haben sie oft geübt, was in solchen Situationen wichtig ist. Lena schickt zuerst Jannis los, einen Erwachsenen zur Hilfe zu holen. Sie setzt sich in der Zwischenzeit neben Nino und versucht ihn zu beruhigen. Blöderweise sind Tims Eltern gerade zum Einkaufen gefahren. Also nimmt Lena das Handy aus ihrer Tasche und wählt den Notruf. „Hallo, hier ist Lena Bergmann", sagt sie, als die Leitstelle sich meldet. „Ich bin im Garten der Heidelberger-Straße 5 und hier hat sich ein Junge beim Spielen den Arm verletzt. Wahrscheinlich ist er gebrochen." Im weiteren Gespräch klärt der Mitarbeiter des Notrufes alles Wichtige mit Lena und erinnert sie daran, dass an der Straße jemand auf den Rettungsdienst warten soll. Wenn ihm jemand winkt, muss der Fahrer des Wagens nicht so lange suchen.

Nach einiger Zeit kommt der Rettungsdienst angefahren und alle Kinder sind erleichtert, dass sich jemand um den armen Nino kümmert. Nun kommen auch Tims Eltern zurück. Sie sind zwar schockiert, nehmen den Kindern aber die Angst und sagen Ninos Eltern Bescheid.

Am nächsten Morgen ist Nino schon wieder in der Schule und der Star auf dem Pausenhof. Sein Arm ist gebrochen und er hat einen Gipsverband darum bekommen. Jetzt dürfen alle Freunde darauf unterschreiben. Lena hat als Belohnung von Ninos Eltern einen Eisgutschein bekommen. Sie weiß nun, dass sie im Notfall richtig reagieren kann.

LESETRAINING IN DREI NIVEAUSTUFEN
3. Schuljahr – Bestell-Nr. 16 703
KOHL VERLAG

10. Der Supersprung

!

1

Finde zu den Verben ein passendes Nomen aus dem Text und schreibe es dazu.

a) springen – ____________________

b) schwingen – ____________________

c) helfen – ____________________

d) rufen – ____________________

e) retten – ____________________

2

Verbessere die Fehler im Text und schreibe ihn richtig auf.

Jeder Käfer kann einmal in die Lage kommen, im Notfall Ersthelfer zu sein. Dann ist es falsch, richtig und überlegt zu handeln. Tina hat sich genau richtig verhalten.

Sie hat beim Jugendblaukreuz immer wieder geübt, was im Notfall zu tun ist. Auch ein Erste-Hilfe-Kurs macht Sinn für Kinder und Käfer. Außerdem sollte jeder die Notrufnummer 112 kennen und üben, welche Bonbons für das Absetzen eines Notrufes wichtig sind. Elsa hat sich in der Geschichte zum Glück nicht schwer verletzt, aber bei einem Unglück mit lebensgefährlichen Geschenken zählt langsames und richtiges Reagieren!

3

Finde die richtige Antwort.

a) Wie viele Kinder haben sich in Tims Garten getroffen?

☐ … sechs Kinder ☐ … sieben Kinder

b) Wo landet Nino?

☐ … am Rand des Blumenbeetes ☐ … am Rand des Sprungtuches

c) Lena geht regelmäßig zu…

☐ … der Jugend des Deutschen Roten Kreuzes

☐ … den Festen des Deutschen Roten Kreuzes

d) Wo soll jemand auf den Rettungsdienst warten?

☐ … an der Haustür ☐ … an der Straße

10. Der Supersprung

„Nino, Nino!" Lena hält sich schon die Ohren zu, weil ihr das Geschrei der anderen Kinder doch zu laut ist. Fast hört sie es schon surren und klingeln.

Alle sind sehr aufgeregt und irgendwie ganz aufgekratzt, als Nino auf dem Trampolin an der Reihe ist. Sie haben sich in Tims Garten getroffen und nach und nach kamen außer Tim, Nino und Laura auch noch Jannis, Silas und Antonia dazu. Jeder zeigt nun auf dem Trampolin sein Können und wird dabei kräftig angefeuert.

Besonders Nino genießt es, im Mittelpunkt zu stehen. Großspurig kündigt er an: „Leute, jetzt schaut her. Ich zeige euch den phänomenalen Supersprung! Da bleibt euch der Mund offen und die Ohren wackeln!"

Noch während Lena kichert und Nino einen Angeber nennt, holt dieser ordentlich Schwung und stößt sich ab. Nino zieht die Knie zur Brust, rollt den Kopf nach vorne und fliegt in einem hohen Salto über das Sprungtuch. „Wahnsinn, Nino!", hört man Silas ausrufen, als Nino eigentlich landen sollte. Dabei geht aber etwas gewaltig schief! Nino kommt schräg auf. Er will sich noch abfangen. Dabei fällt er mit seinem ganzen Gewicht und Schwung auf den Arm. Allen Zuschauern ist sofort klar, dass diese Bewegung seltsam aussah.

Da hört man Nino auch schon aufstöhnen. „Aua, mein Arm!" Allen Kindern ist klar, dass Nino sich ernsthaft verletzt hat und der Arm wahrscheinlich gebrochen ist. Während Nino nur noch weint und stöhnt, verfallen die übrigen Kinder in eine Art Schockstarre. Wie gebannt schauen sie zwar zu Nino, wissen aber nicht, was zu tun ist.

Lena geht schon seit einiger Zeit zu den Treffen der Jugend des Deutschen Roten Kreuzes. Dort haben sie oft geübt, was in solchen Situationen wichtig ist. Lena schickt zuerst Jannis los, einen Erwachsenen zur Hilfe zu holen. Sie setzt sich neben Nino und versucht ihn zu beruhigen. Blöderweise sind Tims Eltern gerade zum Einkaufen gefahren. Also nimmt Lena das Handy aus ihrer Tasche und wählt den Notruf. „Hallo, hier ist Lena Bergmann", sagt sie, als die Leitstelle sich meldet. „Ich bin im Garten der Heidelberger-Straße 5 und hier hat sich ein Junge beim Spielen den Arm verletzt. Wahrscheinlich ist er gebrochen." Im weiteren Gespräch klärt der Mitarbeiter des Notrufes alles Wichtige mit Lena und erinnert sie daran, dass an der Straße jemand auf den Rettungsdienst warten soll. Wenn ihm jemand winkt, muss der Fahrer des Wagens nicht so lange suchen. Bei einem schlimmen Notfall kann das lebenswichtige Zeit kosten.

Nach einiger Zeit kommt der Rettungsdienst angefahren und alle Kinder sind erleichtert, dass jemand sich um den armen Nino kümmert. Während die Sanitäter Nino gerade zum Transport fertig machen, kommen glücklicherweise Tims Eltern zurück. Sie sind zwar auch schockiert und aufgeregt, nehmen den Kindern aber die Angst und sagen Ninos Eltern Bescheid.

Am nächsten Morgen ist Nino schon wieder in der Schule und der Star auf dem Pausenhof. Sein Arm ist glatt durchgebrochen und er hat einen Gipsverband darum bekommen. Der ist in leuchtendem Gelb, der Farbe von Ninos Lieblingsmannschaft. Jetzt dürfen alle Freunde darauf unterschreiben und ihn gebührend bewundern. Lena ist auch ganz schön stolz: als Belohnung hat sie von Ninos Eltern einen Eisgutschein und ein dickes Lob vor der ganzen Klasse bekommen. Sie weiß nun, dass sie im Notfall richtig reagieren kann.

10. Der Supersprung

★

1

Fülle die Tabelle mit passenden Wörtern aus dem Text.

süß	süßen	die Süßigkeit
✏	glätten	die Glätte
treffsicher	treffen	
	verarmen	die Armut
schwungvoll	schwingen	
wackelig		das Wackeln

2

Richtig oder falsch? Kreuze an.

		richtig	falsch
1.	Die Kinder treffen sich in Tims Garten und springen dort Trampolin.		
2.	Es sind fünf Kinder an diesem Nachmittag zu Besuch.		
3.	Tims Eltern mussten noch länger arbeiten und deshalb sind sie weggefahren.		
4.	Nino gibt an, dass er einen Supersprung springen wird.		
5.	Nino schafft tatsächlich zwei Salti.		
6.	Leider stürzt Nino unglücklich auf seinen Arm, als er zur Leiter gehen will.		
7.	Ninas Arm ist verletzt und schmerzt.		
8.	Zum Glück weiß Lena, wie man in solch einem Notfall richtig handelt.		
9.	Nino bekommt einen gelben Gips in der Farbe seiner Lieblingsmannschaft.		
10.	Lena bekommt als Belohnung einen Buchgutschein und ist sehr stolz.		

3

Finde die richtige Antwort.

a) Wie viele Kinder haben sich in Tims Garten getroffen?

☐ … sechs Kinder ☐ … sieben Kinder ☐ … acht Kinder

b) Wen schickt Lena zuerst los, um einen Erwachsenen zu holen?

☐ … Nino ☐ … Jannis ☐ … Silas

c) Wer verletzt sich?

☐ … Silas ☐ … Nino ☐ … Laura

d) Wo soll jemand auf den Rettungsdienst warten?

☐ … an der Haustür ☐ … an der Straße ☐ … an der Gartentür

LESETRAINING IN DREI NIVEAUSTUFEN
3. Schuljahr – Bestell-Nr. 16 703
KOHL VERLAG Lernen mit Erfolg

11. Tschüss, Oma!

Linas Familie ist durcheinander. Alle sind sehr traurig, seit Oma gestern überraschend gestorben ist. Oma Hanne war Linas Lieblingsoma. Lina und ihr Bruder Tom liebten es, in Oma Hannes Bett zu kuscheln und Geschichten über Seefahrer, Detektive oder Zauberer zu hören.

Gestern Morgen klingelte das Telefon. Sie waren schon spät dran. Mamas Gesicht wurde schlagartig ganz weiß und der Hörer rutschte aus ihrer Hand. Lina war sofort klar, dass etwas passiert sein musste. Kurz darauf hatte Mama sich wohl etwas gefasst und Papa im Büro angerufen. Die Beiden erklärten Tom und Lina, dass in der Nacht Oma Hanne gestorben sei. Lina konnte das zuerst gar nicht glauben.

Nun ist Lina dabei, ihr Zimmer aufzuräumen, aber immer wieder fällt ihr ein, was sie nun nie wieder mit Oma Hanne tun kann. Plötzlich merkt sie, wie ihr heiße Tränen über die Wangen kullern. Sie rollt sich auf ihrem Bett zusammen. Da fühlt Lena, wie sich zwei warme Arme um ihren Rücken schließen. „Lina, weine nicht mehr. Du kennst doch die Geschichte vom Zauberteppich, die Oma immer erzählt hat. Ich glaube, dass Oma mit ihm weggeflogen ist. Und dort im Zauberland gibt es alles, was man sich wünschen kann. Da musst du doch nicht traurig sein!"

Lina merkt, dass sie trotz ihrer Tränen kichern muss. Eigentlich eine schöne Vorstellung, die Tom da gezaubert hat …

1

Verbinde die Bilder mit den passenden Sätzen.

a) Lina hatte ihre Oma Hanne sehr gerne, weil sie immer viel mit ihr gemacht hat. ○ ○

b) Tom ist Linas kleiner Bruder. ○ ○

c) Lina ist sehr traurig, dass ihre Oma gestorben ist. ○ ○

d) Tom stellt sich vor, dass Oma Lina jetzt im Zauberland ist. ○ ○

LESETRAINING IN DREI NIVEAUSTUFEN
3. Schuljahr – Bestell-Nr. 16 703
KOHL VERLAG

11. Tschüss, Oma!

!

Linas Familie ist durcheinander. Aus der Küche hört Lina ihre Mutter schluchzen. Sie glaubt sicherlich, dass Lina und ihr kleiner Bruder Tom das nicht hören können. Dabei sind doch alle traurig, seit Oma gestern gestorben ist.

Oma Hanne war Linas Lieblingsoma und sehr oft zu Besuch. Lina hat mit Oma Hanne gebacken, im Garten ihre Beete versorgt oder sich einfach Geschichten erzählen lassen. Bei jedem Besuch fiel ihr etwas Neues ein.

Gestern Morgen klingelte das Telefon. Sie waren spät dran und Tom suchte gerade seine Lieblingshose. Lina wollte gerade mit den Augen rollen, als ihr Mamas Gesicht auffiel. Sie wurde am Telefon ganz weiß und der Hörer rutschte aus ihrer Hand. Lina war sofort klar, dass etwas passiert sein musste. Mama ging in die Küche und machte wortlos die Tür hinter sich zu. Kurz darauf hatte Mama sich etwas gefasst und Papa im Büro angerufen. Als dieser da war, erklärten die Beiden Tom und Lina, dass Oma Hanne gestorben sei. Lina und Tom konnten das nicht glauben.

Nun ist Lina dabei, ihr Zimmer aufzuräumen, aber wirklich erfolgreich ist sie nicht. Immer wieder fällt ihr ein, was sie nie wieder mit Oma Hanne tun kann. Plötzlich merkt sie, wie ihr heiße Tränen über die Wangen kullern. Sie fühlt sich ganz durcheinander und rollt sich auf ihrem Bett zusammen. Da spürt Lena, wie sich zwei Arme um ihren Rücken schließen. Eine zarte Stimme spricht in ihr Ohr: „Lina, weine nicht mehr. Du kennst doch die Geschichte vom Zauberteppich, die Oma immer erzählt hat. Ich glaube, dass Oma einfach mit ihm weggeflogen ist. Und dort im Zauberland gibt es doch alles, was man sich wünschen kann. Da musst du doch nicht traurig sein!"

Lina merkt, dass sie trotz ihrer Tränen kichern muss. Eigentlich eine schöne Vorstellung, die Tom da gezaubert hat …

1

Finde die richtige Antwort.

a) Welche Nachricht wurde am Telefon überbracht?

☐ … Oma Hanne ist gestorben. ☐ … Es ist schulfrei.

b) Wie reagierte Linas Mutter, als sie sich etwas gefasst hatte?

☐ … Sie schauten Toms Lieblings-DVD an. ☐ … Sie rief Papa im Büro an.

c) Wobei kullern Lina heiße Tränen über ihre Wangen?

☐ … beim Versuch, ihre Matheaufgaben zu lösen
☐ … beim Versuch, ihr Zimmer aufzuräumen

d) Wer tröstet Lina mit der Geschichte vom Zauberteppich?

☐ … Tom ☐ … Linas Mutter

LESETRAINING IN DREI NIVEAUSTUFEN
3. Schuljahr – Bestell-Nr. 16 703
KOHL VERLAG Lernen mit Erfolg

11. Tschüss, Oma!

!

2

Schreibe zu jedem Bild einen passenden Satz, in dem die Begriffe vorkommen, mit den vorgegeben Wörtern.

Oma Hanne

____

Tom

____

traurig

____

Zauberland

____

3

Ordne die Sätze und schreibe die Zahlen 1–6 davor.

	Linas Mutter erfuhr, dass Oma Hanne gestorben ist.
	Lina hatte ihre Oma Hanne sehr gerne und ist nun sehr traurig.
	Lina ist sehr durcheinander und traurig. Auf ihrem Bett rollt sie sich ein.
	Tom tröstet Lina und erzählt ihr davon, dass er sich vorstellt, die Oma sei im Zauberland. Das tröstet Lina etwas.
	Lina versucht nun, ihr Zimmer aufzuräumen.
	Gestern klingelte das Telefon und Linas Mutter nahm ab.

LESETRAINING IN DREI NIVEAUSTUFEN
3. Schuljahr – Bestell-Nr. 16 703

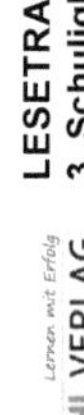

11. Tschüss, Oma!

Selten hat Lina ihre Familie so durcheinander erlebt. Aus der Küche hört Lina ihre Mutter schluchzen. Immer wieder geht sie dort hinein, schließt die Tür hinter sich und weint. Sie glaubt sicherlich, dass Lina und ihr kleiner Bruder Tom das dann nicht hören. Irgendwie hat Mama wohl das Gefühl, dass sie ihre Trauer vor den beiden geheim halten muss. Dabei sind doch alle traurig, seit Oma gestern gestorben ist.

Oma Hanne war Linas Lieblingsoma und sehr oft zu Besuch. Lina hat mit Oma Hanne gebacken, im Garten ihre Beete versorgt oder sich einfach Geschichten erzählen lassen. Lina hatte immer das Gefühl, Oma Hannes Kopf sei ein prall gefülltes Buch, das niemals zu Ende gelesen sein wird. Bei jedem Besuch fiel ihr etwas Neues ein und Lina und Tom liebten es, in Oma Hannes Bett zu kuscheln und Geschichten über Seefahrer, mutige Detektive oder Zauberkünstler zu hören.

Gestern Morgen klingelte dann das Telefon, als Lina gerade dabei war, ihre Sportsachen in die Tasche zu stopfen. Sie waren spät dran und Tom suchte gerade im Kinderzimmer nach seiner Lieblingshose. Am liebsten würde er jeden Tag die Fußballhose anziehen. Lina wollte gerade mit den Augen rollen, als ihr Mamas Gesicht auffiel. Sie wurde am Telefon schlagartig ganz weiß und der Hörer rutschte aus ihrer Hand. Lina war sofort klar, dass etwas passiert sein musste.

Mama ging in die Küche und machte wortlos die Tür hinter sich zu. Lina schob Tom ins Wohnzimmer und legte ihm seine Lieblings-DVD ein. „Cool, sonst darf ich morgens nie fernsehen!", war sein Kommentar dazu. Nicht einmal in die Schule mussten Tom und Lina gehen.

Kurz darauf hatte Mama sich wohl etwas gefasst und Papa im Büro angerufen. Als dieser dann nach Hause kam, erklärten die Beiden Tom und Lina, dass in der Nacht Oma Hanne gestorben sei. Lina konnte das zuerst gar nicht realisieren. Auch Tom fragte immer wieder nach, ging dann aber normal zum Spielen über. Er ist noch klein und kann mit dem Begriff „tot" einfach noch nichts anfangen.

Nun ist Lina zwar dabei, ihr Zimmer aufzuräumen, aber wirklich erfolgreich ist sie nicht. Immer wieder schießen ihr Gedanken in den Kopf, was sie nie wieder mit Oma Hanne tun kann: Nie wieder Johannisbeergelee kochen, Mohrenköpfe naschen, Zinienstrauße binden und niemals das Ende der Zauberergeschichte hören.

Plötzlich merkt sie, wie ihr heiße Tränen über die Wangen kullern. Sie fühlt sich ganz durcheinander und rollt sich auf ihrem Bett zusammen. Da fühlt sie, wie sich zwei warme Arme um ihren Rücken schließen. Eine zarte Stimme spricht in ihr Ohr: „Lina, weine nicht mehr. Du kennst doch die Geschichte vom Zauberteppich, die Oma immer erzählt hat. Ich glaube, dass Oma einfach mit ihm weggeflogen ist. Und dort im Zauberland gibt es doch alles, was man sich wünschen kann. Da musst du doch nicht traurig sein!"

Lina merkt, dass sie trotz ihrer Tränen kichern muss. Eigentlich eine schöne Vorstellung, die Tom da gezaubert hat …

LESETRAINING IN DREI NIVEAUSTUFEN
3. Schuljahr – Bestell-Nr. 16 703

11. Tschüss, Oma!

✶

1

Schreibe zu jedem Bild einen passenden Satz.

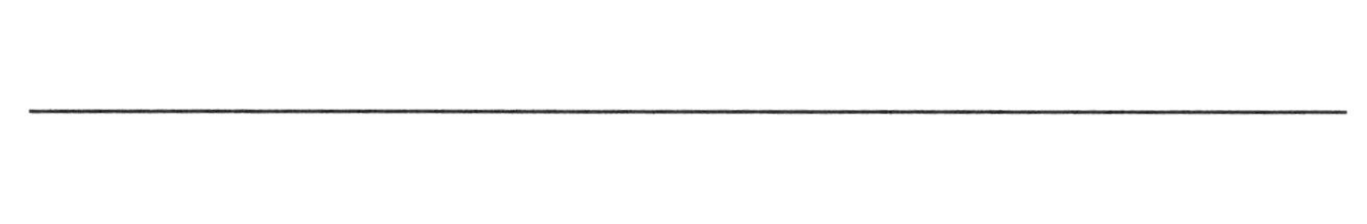

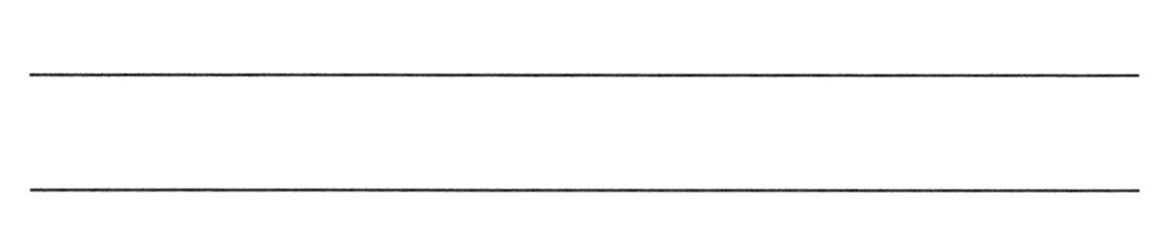

2

*Lina schreibt einen Abschiedsbrief an ihre Oma Hanne.
Was könnte sie wohl schreiben? Formuliere den Brief für sie.*

Liebe Oma Hanne,

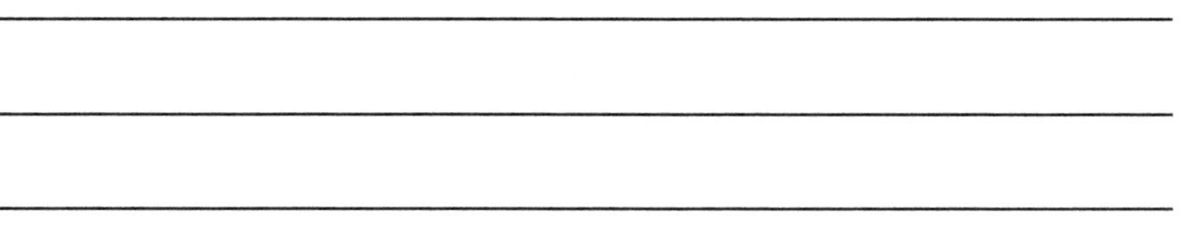

Deine Lina

LESETRAINING IN DREI NIVEAUSTUFEN
3. Schuljahr – Bestell-Nr. 16 703
KOHL VERLAG

12. Schon wieder eine Klassenarbeit

„So, jetzt ist die Arbeitszeit beendet", hört man ihren Deutschlehrer. Felix wird ganz hektisch. „Ein oder zwei n, wie schreibt man das bloß?"

Felix wird ganz heiß. Ihm bricht der Schweiß aus. Die anderen gehen schon in den Hof. Schnell! Er muss fertig werden! Eigentlich hat er die Lernwörter gut geübt. Aber irgendwie sieht nichts richtig aus. Und die letzten drei Aufgaben hat er gar nicht angefangen. Felix drückt dem Lehrer seine Blätter in die Hand und rennt nach draußen. Vor lauter Frust haut Felix beim Fußball nur so auf den Ball. Die Wut muss raus. Voller Wucht trifft der Ball Marcos Schulter, sodass der hinfällt. „Aua, bist du bekloppt?", schreit er. Schon sieht man einen knallroten Fleck an seinem Oberarm.

„Tut mir leid, das wollte ich nicht", bekommt Felix gerade noch heraus. Dann rennt er zu den Fahrradständern. So ein schrecklicher Tag. Felix fängt an zu schluchzen. Herr Schröter kommt zu Felix. „Mensch, Felix. Bist du geknickt wegen deiner Deutscharbeit? So ein schlechter Tag kann jedem mal passieren. Und eine schlechte Note ist kein Weltuntergang." Dann reden die beiden lange miteinander. Endlich traut sich Felix, von seiner Angst vor Klassenarbeiten zu erzählen. Obwohl er gut gelernt hat, ist auf einmal alles weg. Manchmal kann er in der Nacht davor fast nicht schlafen.

Herr Schröter ist sehr verständnisvoll. Er hat einige Lösungsvorschläge. Felix fühlt sich um einiges leichter und kann schon wieder lachen.

1

Finde alle 8 Begriffe in der Wörterschlange. Markiere sie.

RuFrustetupassierenweuLernwörterpelLösungsvorschlägekashektischieschrecklichkiWeltuntergangertverständnisvoll

2

Verbinde die passenden Satzteile.

a)	Felix wird sehr hektisch. Ihm …	○	○	… die Arbeit zu beenden und dem Lehrer abzugeben.	1.
b)	Es ist Zeit, …	○	○	… gute Tipps gegen seine Prüfungsangst und fühlt sich schon besser.	2.
c)	Vor lauter Frust haut …	○	○	… Felix beim Fußball fest auf den Ball und trifft einen anderen Jungen.	3.
d)	Herr Schröter ist …	○	○	… wird es heiß und es bricht ihm Schweiß aus.	4.
e)	Felix erhält …	○	○	… sehr verständnisvoll, als er mit Felix spricht.	5.

LESETRAINING IN DREI NIVEAUSTUFEN
3. Schuljahr – Bestell-Nr. 16 703
KOHL VERLAG

12. Schon wieder eine Klassenarbeit

!

„So, jetzt bringt die Blätter bitte nach vorne", hört man laut die Stimme ihres Deutschlehrers. Felix streicht hektisch etwas durch und kritzelt darüber. „Ein oder zwei n, wie schreibt man das bloß?"

Felix bricht der Schweiß aus. Die anderen gehen schon in den Hof. Schnell, schnell, er muss fertig werden! Dabei hat er doch so oft die Lernwörter geübt. Aber irgendwie sehen beide Schreibweisen richtig aus. Und die letzten drei Aufgaben hat er gar nicht erst angefangen. Da kommt Herr Schröter zu ihm und meint: „Komm, Felix, jetzt ist es wirklich Zeit abzugeben." Felix drückt ihm resigniert seine Blätter in die Hand und rennt nach draußen. Das war ja wohl nichts! Beim Fußball haut Felix heute nur so auf den Ball. Irgendwie muss die Wut raus. Als der Ball dann Marco an der Schulter trifft, hat er so eine Wucht, dass Marco hinfällt. „Aua, bist du bekloppt?", schreit er. Schon sieht man einen knallroten Fleck an seinem Oberarm.

In dem Moment ist es um Felix wirklich geschehen. „Tut mir leid, das wollte ich nicht", bekommt er gerade noch heraus. Dann rennt er zu den Fahrradständern und fängt an zu schluchzen. Dass dieser Tag so schrecklich werden würde, hätte er heute Morgen auch nicht gedacht. Und während Felix noch weint, kommt Herr Schröter dazu. „Mensch, Felix. Bist du so geknickt wegen deiner Deutscharbeit? So ein mieser Tag kann jedem mal passieren. Und eine schlechte Note ist kein Weltuntergang." Dann reden die beiden lange miteinander und Felix traut sich endlich, von seiner Angst vor Klassenarbeiten zu erzählen. Obwohl er gut gelernt hat, ist auf einmal alles weg. Und je mehr er sich anstrengt, umso weniger weiß er. Beim nächsten Mal wird es dann stets noch schlimmer, dann kann er fast nicht schlafen in der Nacht davor.

Herr Schröter ist sehr verständnisvoll und hat einige tolle Lösungsvorschläge parat. Felix fühlt sich schon um einiges leichter und morgen wollen sie gleich Herrn Schröters ersten Tipp probieren. Felix setzt sich neben Herrn Schröter, dann traut er sich sicher auch nachzufragen, wenn er die Erklärung einer Aufgabe nicht verstanden hat.

LESETRAINING IN DREI NIVEAUSTUFEN
3. Schuljahr – Bestell-Nr. 16 703
KOHL VERLAG

12. Schon wieder eine Klassenarbeit

!

1

Finde zu den Wörtern aus dem Text noch jeweils vier Begriffe, die zur gleichen Wortfamilie gehören.

<u>Beispiel</u>: drückt: Abdruck, Drucksache, bedrückt .....

a) Blätter ____________ ____________ ____________ ____________

b) gelernt ____________ ____________ ____________ ____________

c) schlafen ____________ ____________ ____________ ____________

d) Nacht ____________ ____________ ____________ ____________

2

Schreibe eine kurze Erklärung für den Begriff rund um die Schule, den du auf dem Bild siehst.

<u>Du könntest so beginnen</u>: Ein xxx ist ein ....

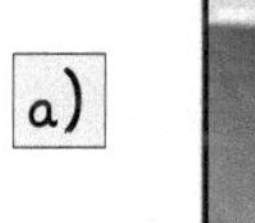

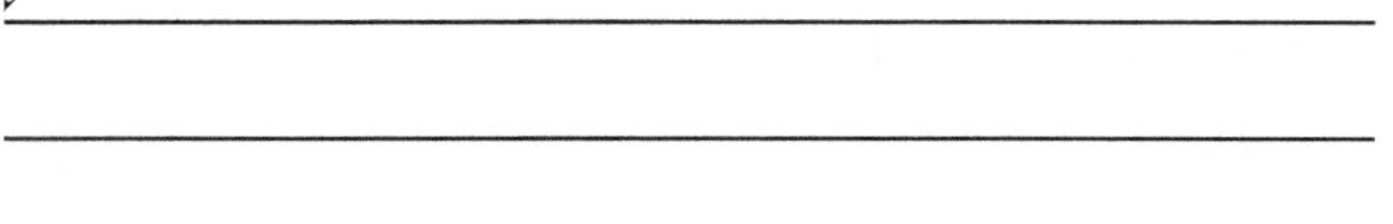

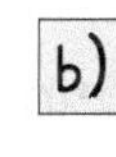

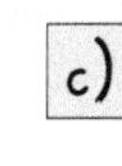

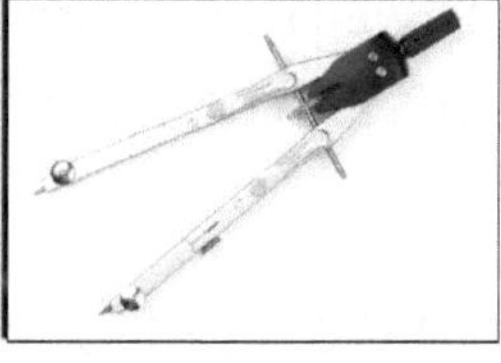

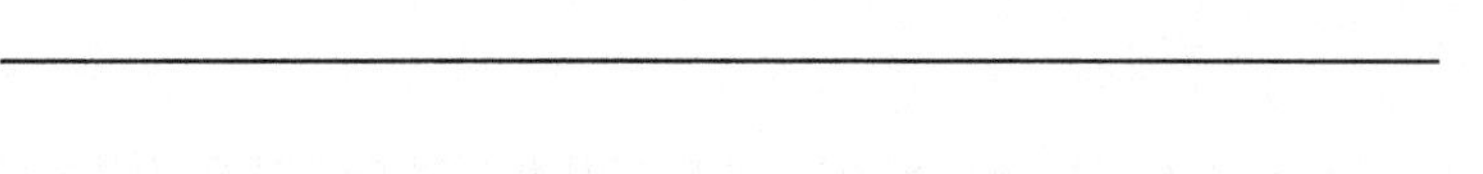

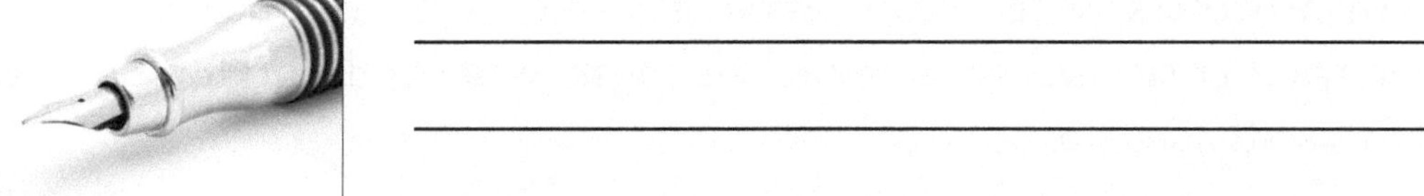

LESETRAINING IN DREI NIVEAUSTUFEN
3. Schuljahr – Bestell-Nr. 16 703
KOHL VERLAG

12. Schon wieder eine Klassenarbeit

„So, jetzt bringt die Blätter bitte nach vorne. Kontrolliert aber noch einmal, ob ihr wirklich euren Namen darauf geschrieben habt", hört man laut die Stimme ihres Deutschlehrers. Felix streicht hektisch etwas durch und kritzelt darüber. „Ein oder zwei n, wie schreibt man das bloß?"

Während die anderen Kinder schon mit ihren Dosen und Trinkflaschen in die Hofpause schlendern, bricht ihm gerade der Schweiß aus. Wieso weiß er das jetzt nicht? Dabei hat er doch so oft die Lernwörter geübt. Aber irgendwie sehen beide Schreibweisen richtig aus. Und die letzten drei Aufgaben hat er gar nicht erst angefangen. Da kommt Herr Schröter zu ihm und meint: „Komm, Felix, jetzt ist es wirklich Zeit abzugeben." Felix drückt ihm resigniert seine Blätter in die Hand und rennt nach draußen. Das war ja wohl nichts! Beim Fußball haut Felix heute nur so auf den Ball. Irgendwie muss die Wut raus. Als der Ball dann Marco an der Schulter trifft, hat er so eine Wucht, dass Marco hinfällt. „Aua, bist du bekloppt?", schreit er. Schon sieht man einen knallroten Fleck an seinem Oberarm.

In dem Moment ist es um Felix wirklich geschehen. „Tut mir leid, das wollte ich nicht", bekommt er gerade noch heraus. Dann rennt er zu den Fahrradständern und fängt an zu schluchzen. Dass dieser Tag so schrecklich werden würde, hätte er heute Morgen auch nicht gedacht. Und während Felix noch weint, kommt Herr Schröter dazu. „Mensch, Felix. Bist du so geknickt wegen deiner Deutscharbeit? So ein schlechter Tag kann jedem mal passieren. Und eine schlechte Note ist kein Weltuntergang." Dann reden die beiden lange miteinander und Felix traut sich endlich, von seiner Angst vor Klassenarbeiten zu erzählen. Obwohl er gut gelernt hat, ist auf einmal alles weg. Und je mehr er sich anstrengt, umso weniger weiß er. Beim nächsten Mal wird es dann stets noch schlimmer, dann kann er fast nicht schlafen in der Nacht davor.

Herr Schröter ist sehr verständnisvoll und hat einige tolle Lösungsvorschläge parat. Felix fühlt sich schon um einiges leichter und morgen wollen sie gleich Herrn Schröters ersten Tipp probieren. Felix setzt sich neben Herrn Schröter, dann traut er sich sicher auch nachzufragen, wenn er die Erklärung einer Aufgabe nicht verstanden hat.

12. Schon wieder eine Klassenarbeit

★

1

a) Finde mindestens vier Beispiele aus dem Text, die zu dieser Vorsilbe passen.

ge- ____________ ____________ ____________ ____________

b) Finde nun noch vier eigene Beispiele zu den Vorsilben.

ver- ____________ ____________ ____________ ____________

be- ____________ ____________ ____________ ____________

2

Welche dieser Behauptungen stimmen? Kreuze an.

		richtig	falsch
1.	Für Felix ist seine Prüfungsangst ein belastendes Problem.		
2.	Leider ist Prüfungsangst ein unheilbares Phänomen, das einen ein Leben lang begleiten wird.		
3.	Gerät ein Mensch unter Stress, schüttet der Körper das Hormon Adrenalin aus.		
4.	Angst zu haben ist ein alter Schutzmechanismus des Körpers, der uns aus den Anfängen der Menschheit geblieben ist.		
5.	Die Angst vor Spinnen nennt man „Arachnophobie".		
6.	Wie viele andere Menschen leidet auch Felix unter Höhenangst.		
7.	Ein Gespräch mit seinem Lehrer hilft Felix, sich wieder etwas zu beruhigen. Herr Schröter ist sehr verständnisvoll.		

3

Finde die richtige Antwort.

a) In welchem Fach schreibt Felix eine Arbeit?
☐ ... Mathematik ☐ ... Deutsch ☐ ... Musik

b) Wie verbringt Felix seine Pause?
☐ ... Er sitzt traurig auf der Mauer. ☐ ... Er spielt Basketball. ☐ ... Er spielt Fußball.

c) Wo trifft der Ball Marco?
☐ ... am Kopf ☐ ... an der Schulter ☐ ... am Ellbogen

d) Wie reagiert Felix' Klassenlehrer?
☐ ... Er ist sehr verständnisvoll. ☐ ... Er gibt Felix' Nachhilfestunden.

e) Wie lautet Herr Schröters erster Tipp?
☐ ... Felix soll in die erste Reihe sitzen.
☐ ... Felix soll sich neben Herrn Schröter setzen.
☐ ... Felix soll sich mehr anstrengen.

LESETRAINING IN DREI NIVEAUSTUFEN
3. Schuljahr – Bestell-Nr. 16 703

13. Die Lösungen

1 Nina, der Goldfisch

⊙ **Aufgabe 1:**

a) Nina konzentrierte sich auf ... den nächsten Wettkampf, die Endausscheidung der Mädchen.
b) Als Nina auf dem Startblock stand, wartete ... sie auf das Startsignal.
c) Nina schaltete alle Gedanken ab und konzentrierte sich auf das Schwimmen, deshalb ... nahm sie auch die lauten Rufe der Zuschauer nicht wahr.

Aufgabe 2: **a)** Schwimmbad **b)** Startblock **c)** konzentriert **d)** nervös **e)** Meisterschaft **f)** anfeuern **g)** Zuschauer

Aufgabe 3: **a)** kraulen **b)** Wettkampf **c)** Adrenalin **d)** Favorit

---

! **Aufgabe 1:** Reihenfolge: 2, 5, 1, 3, 4
6: *Mögliche Lösung:* Nina war tatsächlich die Schnellste.

Aufgabe 2:

a) herrschen	herrschte	**e)** sich abstoßen	stieß sich ab
b) kuscheln	kuschelte	**f)** wahrnehmen	nahm wahr
c) sein	waren	**g)** anschlagen	schlug an
d) ziehen	zog	**h)** steigen	stieg

Aufgabe 3: **a)** 3; **b)** 6; **c)** 5; **d)** 4; **e)** 1; **f)** 2

✶ **Aufgabe 1:**

	richtig	falsch
1. Nina nimmt an der Vorausscheidung der Mädchen im Schwimmen teil.		X
2. Ninas Trainer Bert spricht ihr Mut zu.	X	
3. Die Zuschauer lenkten Nina beim Schwimmen ab.		X
4. Mit kräftigen Zügen tauchte Nina durch das Becken.		X
5. Nach dem Sieg fühlte sich Nina leicht und schwebend.	X	

Aufgabe 2:
a) Badehose, Badekappe, Badeschuhe, **Badeanzug**
b) schwimmen tauchen **kraulen**
c) Zuschauer Schwimmhalle Startsignal **Wettkampf**

Aufgabe 3: Kreuzworträtsel siehe rechts.
Lösungswort: MEDAILLE

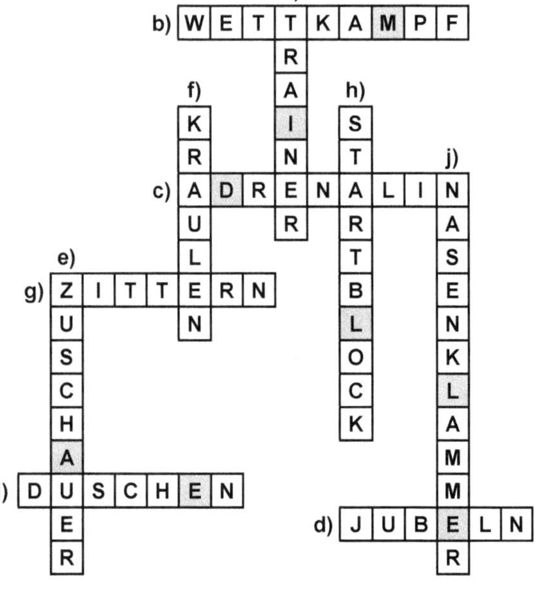

2 Vom Wünschen und Brauchen

⊙ **Aufgabe 1:**

	richtig	falsch
1. Sarahs Freunde verabreden sich auf dem Sportplatz.		X
2. Sarah fühlt sich ausgegrenzt.	X	
3. Den ganzen Nachmittag arbeitete sie an ihren Hausaufgaben.		X
4. Am Abend hatte sie die Liste fertig.	X	
5. Ihre Eltern versprechen ihr, am Morgen darüber zu reden.	X	
6. Am nächsten Morgen wird Sarah kaum wach.		X
7. Die Freunde wollen sich mit dem Handy eine Nachricht wegen der Uhrzeit senden.	X	
8. Nach der Schule zeigten sich die Freunde Katzenvideos auf ihren Handys.		X

LESETRAINING IN DREI NIVEAUSTUFEN
3. Schuljahr – Bestell-Nr. 16 703

13. Die Lösungen

2 Vom Wünschen und Brauchen

⊙ **Aufgabe 2:**

Frühstückstisch

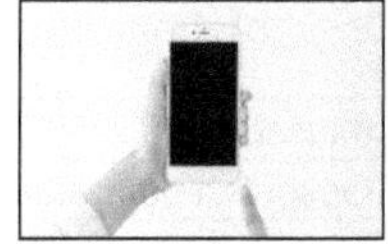
Handy

Spielplatz

Uhrzeit

Eltern

Aufgabe 3: Geht es dir manchmal auch wie Sarah? Hattest du auch schon **Wünsche**, die nicht erfüllt wurden? Sarah ist sehr **wütend** und fühlt sich **ausgegrenzt**. Viele ihrer **Mitschüler** haben schon ein eigenes Handy. Wenn diese Kinder dann damit **angeben**, fühlt sie sich schlecht. Aber Sarahs **Eltern** haben sicherlich ihre **Gründe**, warum sie Sarah kein Handy **erlauben** wollen. Ob Sarah sie mit ihrer **Liste** trotzdem noch **überzeugen** kann?

Übrig bleiben: Baby, spielen, verstehen

! **Aufgabe 1:**

	richtig	falsch
1. Sarahs Freunde verabreden sich auf dem Sportplatz.		x
2. Sarah fühlt sich ausgegrenzt.	x	
3. Den ganzen Nachmittag arbeitete sie an ihren Hausaufgaben.		x
4. Am Abend hatte sie die Liste fertig.	x	
5. Ihre Eltern fanden Sarahs Liste toll.	x	

Aufgabe 2: a) = 5.; b) = 1.; c) = 4.; d) = 3.; e) = 2

Aufgabe 3:

R	S	U	P	V	N	Ö	A	Y	H	E	I	Ü	B	H	D	A	S	U	K	C	L	**P**	E	I
S	C	H	U	S	**S**	**P**	**I**	**E**	**L**	**P**	**L**	**A**	**T**	**Z**	T	U	G	C	K	L	A	**A**	Z	U
Q	U	J	O	L	F	T	J	K	S	B	N	M	W	A	X	P	Ä	C	H	R	Z	**P**	U	**F**
W	**U**	**H**	**R**	V	Z	I	**L**	**I**	**S**	**T**	**E**	S	U	**S**	P	E	T	**E**	B	M	Y	**A**	T	**R**
T	W	G	M	A	Ü	J	L	M	X	F	Z	I	S	**C**	Z	O	H	**L**	D	I	E	F	B	**E**
T	Q	U	M	D	G	I	J	P	R	Z	M	S	C	**H**	O	L	Ä	**T**	A	T	E	E	K	**U**
E	T	**M**	**I**	**T**	**S**	**C**	**H**	**Ü**	**L**	**E**	**R**	C	H	**U**	W	Ö	S	**E**	Z	O	C	K	P	**N**
E	S	U	O	C	B	J	L	Ä	W	T	D	U	G	**L**	A	T	Z	**R**	O	H	P	F	R	**D**
Z	I	S	W	A	Y	Ö	T	M	N	D	Z	X	H	**E**	M	E	R	**N**	V	Z	I	E	B	**E**
I	E	F	U	S	F	U	L	**H**	**A**	**N**	**D**	**Y**	P	D	A	E	U	P	Ü	D	T	E	R	N
T	U	C	K	W	R	O	P	H	K	D	A	L	B	F	U	P	**B**	**E**	**T**	**T**	A	E	B	M

✶ **Aufgabe 1:** Mögliche Lösung: *Liebe Mama!*
Es tut mir sehr leid, dass wir uns gestern gestritten haben und ich so pampig reagiert habe. Aber das Handy liegt mir wirklich am Herzen und ich habe mir deshalb viele Gedanken gemacht. Mit einem Handy könnte ich meine Freunde erreichen und schnell Informationen mit ihnen austauschen, ohne dass immer das Festnetztelefon blockiert ist. Außerdem bin ich dann nicht so außen vor und fühle mich ausgegrenzt. Mein Handy könnte ich auch nutzen, um für Vorträge und Präsentationen im Internet nachzuschauen. Und wenn eine Stunde ausfällt und ich früher Schulschluss habe oder das Leichtathletiktraining ausfällt, kann ich euch erreichen und stehe nicht alleine irgendwo herum. Genauso könnt auch ihr mich im Notfall immer erreichen und wisst, wo ich bin. Bitte überlege es dir noch einmal! Deine Sarah

Aufgabe 2:
a) Sarah wünscht sich endlich ein neues Handy.
b) Tim verabredet sich bald mit den Freunden.
c) Mama schimpft laut mit Sarah.
d) Pia zeigt stolz das aktuelle Modell.

Aufgabe 3: a) = 2.; b) = 1.; c) = 4.; d) = 3

3 Storchenalarm

⊙ **Aufgabe 1:** **1.** falsch, **2.** richtig, **3.** falsch, **4.** richtig, **5.** richtig **6.** falsch, **7.** falsch,

Aufgabe 2: Arbeitsblätter Unterricht Zimmer Lehrerin Sommer Wochen

Aufgabe 3: **Frau Schmidt:** b); c); f); **Till:** a); d); e)

LESETRAINING IN DREI NIVEAUSTUFEN
3. Schuljahr – Bestell-Nr. 16 703

13. Die Lösungen

3 Storchenalarm

! **Aufgabe 1:** **a)** Arbeitsblätter **b)** Gespür **c)** Lehrerin **d)** Schuljahr **e)** Unterricht

Aufgabe 2:

3	Alle redeten miteinander und tuschelten.
6	Ich glaube, dass Tim unser Gespräch gut getan hat. Er schien wieder ruhiger zu werden.
1	Heute war es soweit. Ich hatte mir vorgenommen, meiner Klasse davon zu erzählen, dass ich ein Baby bekomme. Als ich in die Klasse kam, war mir ganz schön mulmig zu Mute.
5	Also bin ich zu ihm gegangen und habe mit ihm geredet. Er hat tolle Fortschritte gemacht und wird mir sicher fehlen. Aber er wird seinen Weg machen.
X	Zum Glück bleibt mein Mann beim Baby zuhause und ich kann gleich wieder zurück in meine Klasse gehen.
2	Nachdem ich mit den Kindern gesprochen hatte, waren sie ganz schön aufgeregt.
4	Tim saß ganz verdattert vor seinem Arbeitsblatt.
X	Felix und Jessica lachten und machten Witze darüber, dass ich bald kugelrund sein werde.

Aufgabe 3:
a) Frau Schmidt war sehr nervös, als sie mit der Klasse gesprochen hat.
b) Niemand weiß, wer neuer Klassenlehrer sein wird.
c) Till ist sehr verwirrt und kann sich nicht konzentrieren.
d) Frau Schmidt sagt, dass Till ein toller Junge sei und gute Fortschritte gemacht habe und er sich keine Sorgen machen solle.

✶ **Aufgabe 1:** Klassenlehrerin, Arbeitsblätter, Fortschritte, Hausaufgaben

Aufgabe 2:

I	W	U	K	F	V	Ü	W	D	A	L	G	E	S	P	Ü	R	P	E	N
R	T	K	Ö	D	B	M	E	T	J	L	D	U	O	L	Ä	S	E	E	R
G	Z	L	X	N	K	L	E	U	I	S	R	H	M	W	G	T	I	B	E
E	B	A	E	I	N	I	R	E	R	H	E	L	W	N	L	Z	I	O	T
N	X	S	Z	V	K	P	W	T	R	B	M	O	P	E	O	S	U	L	S
D	G	S	A	F	A	S	P	Ü	D	T	S	C	H	U	F	Q	U	L	Ü
W	B	E	U	I	F	Ä	R	B	E	N	Z	I	E	E	R	L	Ä	A	L
I	A	W	T	A	Z	H	U	W	T	U	J	G	C	B	E	E	T	M	F
E	R	O	S	I	T	U	A	T	I	O	N	A	T	Z	O	L	R	N	A
Ü	W	M	G	P	O	I	T	Z	B	O	W	G	I	D	L	U	D	E	G
L	Ü	B	E	R	T	R	E	I	B	E	N	I	E	Z	O	P	D	G	E

a) die Lehrerin
b) die Klasse
c) der Erfolg
d) die Situation
e) irgendwie
f) das Gespür
g) geduldig
h) übertreiben
i) färben
j) flüstern

Aufgabe 2: Mögliche Lösungen:
a) Wie fühlte sich Frau Schmidt an diesem Tag?
b) Wird Frau Schmidt die Klassenlehrerin bleiben?
c) Hat Frau Schmidt schon den Namen des neuen Lehrers verraten?
d) Wie geht es Till, nachdem er die Neuigkeit erfahren hat?
e) Weshalb ist Till so durcheinander?

4 Erwachsene haben immer Recht

⊙ **Aufgabe 1:** **a)** Ordnung **b)** Rückbank **c)** anschnallen **d)** Kindergeburtstag **e)** Erwachsene

Aufgabe 2: Richtig sind die Aussagen: **a), d), f), g), i)**
Lösungswort: GLÜCK

Aufgabe 3: Zusammengehörende Paare: A - 3; B - 1; C - 4; D - 2

! **Aufgabe 1:**
a) Tim könnte zu Lenas Mutter sagen, dass er eigentlich nur angeschnallt fahren darf.
b) Individuelle Lösungen.
c) Individuelle Lösungen.

13. Die Lösungen

4 Erwachsene haben immer Recht

! **Aufgabe 2:**

Erst seit Mitte der 1970er Jahre… … gibt es in Deutschland die Gurtpflicht.

1993 trat eine Verordnung in Kraft, die besagt, dass… … Kinder im Auto mit passenden Sitzen gesichert werden müssen.

Erst wenn du größer als 150 cm oder älter als 12 Jahre bist, … … darfst du ohne Kindersitz im Auto mitfahren.

Lenas Mutter hat leider nicht richtig gehandelt. Auch auf kurzen Strecken… … kann es zu einem Unfall kommen.

Besonders junge Fahrer sind im Straßenverkehr gefährdet, weil… … sie noch nicht so viel Erfahrung darin haben, Geschwindigkeiten und Risiken richtig einzuschätzen.

Lösungswort: KINDERSITZ

Aufgabe 3:

Wörter mit 1 Silbe	Wörter mit 2 Silben	Wörter mit 3 Silben	Wörter mit 4 Silben
Platz	Bruder	Autotür	Indoorspielplatz
Tom	Rücksitz	Minuten	Spaßverderber
laut	Auto	angeschnallt	
da	viele	anderen	

✶ **Aufgabe 1:** Lösung siehe Aufgabe 2 oben (**!**).

Aufgabe 2: **a)** Kindersitz **b)** Autoschlüssel **c)** Autotür **d)** Gurtschloss

Aufgabe 3:

a) Zusammen mit Tom fahren noch Lena, Sina und Rita hinten im Auto mit.
b) Tom ist nicht angeschnallt, weil es nicht genügend Plätze und Gurte für alle gibt.
c) Tom fühlt sich sehr unwohl, aber er wusste nicht, ob er Lenas Mutter widersprechen sollte.
d) Ich glaube nicht, dass Erwachsene immer Recht haben. Auch sie machen Fehler und irren sich.
e) An Toms Stelle hätte ich mich wahrscheinlich auch nicht getraut, nicht in das Auto einzusteigen. Eigentlich wäre es aber richtig gewesen, nicht ohne Sitz einzusteigen und zu verlangen, dass die Eltern angerufen werden.

5 Die Neue

⊙ **Aufgabe 1:** Samira – Hobby – Klasse – Mädchen – zierlich – schüchtern – Schulleiter – Besenstiel – Schokoladeneis – Frankreich – Käsebrot – lachen

Aufgabe 2: Mögliche Lösungen:

a) Der Schulleiter bringt eine neue Mitschülerin mit in die Klasse.
b) Die neue Mitschülerin heißt Julia.
c) Samira freut sich, weil es bisher nur sehr wenige Mädchen in ihrer Klasse gab.
d) Beide Mädchen essen gerne Schokoladeneis und ihr Hobby ist das Reiten.

! **Aufgabe 1:**

a) gemeinsam – *alleine*
b) ernst – *heiter*
c) draußen – *drinnen*
d) schüchtern – *mutig*
e) lieben – *hassen*
f) voll – *leer*
g) klein – *groß*
h) fern – *nah*
i) dünn – *dick*
j) hell – *dunkel*

Aufgabe 2: Schulleiter Schokoladeneis Lesebuch Sportschuhe

✶ **Aufgabe 1:**

a)	Bleistift	Füller	Tintenschreiber	**Kugelschreiber**
b)	Schnuller	Kinderwagen	Strampler	**Windeln**
c)	Lehrer	Sekretärin	Rektor	**Hausmeister**
d)	Mathematik	Sport	Deutsch	**Kunst**

Aufgabe 2: Heute bekommt die Klasse eine neue Mitschülerin. Das Mädchen heißt Julia und wirkt sehr schüchtern. Julia war zuvor auf einer deutschen Schule in Frankreich. Deshalb spricht sie Deutsch und Französisch. Samira freut sich besonders, dass die Mädchen Verstärkung bekommen. Als die beiden dann noch feststellen, dass sie viele Gemeinsamkeiten haben, freuen sie sich. Samira und Julia reiten gerne und essen gerne Schokoladeneis.

LESETRAINING IN DREI NIVEAUSTUFEN 3. Schuljahr – Bestell-Nr. 16 703
KOHL VERLAG

13. Die Lösungen

6 Eine Frage des Gewissens

⊙ **Aufgabe 1:** Es bleibt übrig: **Schein**

Aufgabe 2: Mögliche Lösung:

a) Paula hätte ein schlechtes Gewissen, denn jemand hat das Geld verloren und es zu behalten käme ihr wie Stehlen vor.
b) Paula spart auf einen Musikplayer.
c) Paula hört am Nachmittag gerne laute Musik und der Krach stört den Nachbarn.
d) Paulas Mutter ist stolz auf sie und verspricht ihr eine Belohnung.

! **Aufgabe 1:** Paula – Taschengeld – Lars – ehrlich – Spardose – Gewissen

Aufgabe 2: Lösungswort: GLÜCKSPILZ

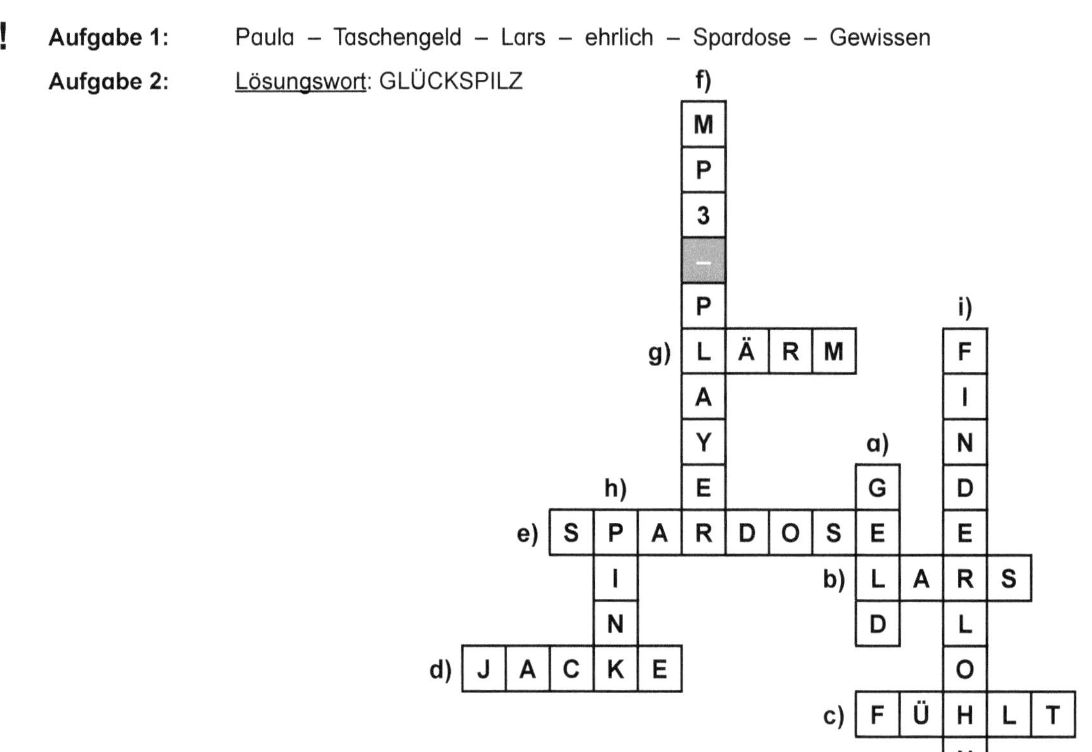

✶ **Aufgabe 1:**

2-silbig	3-silbig	1-silbig
Paula	Finderlohn	mehr
Mama	*Gewissen*	*Fund*
Name	*Spardose*	*jetzt*
werfen	*Kopfhörer*	*schon*
Steine	*Fundstücke*	*stolz*
Ärger	*Schülerhort*	*Geld*

Aufgabe 2: Mögliche Lösung:

a) Die Geschichte heißt so, weil Paula mit ihrem Gewissen kämpft. Es wäre leicht für sie, das Geld zu behalten und niemand würde es ihr nachweisen oder ihr Ärger machen. Dennoch hätte sie das Gefühl, es jemandem weggenommen zu haben. Denn irgendeine Person hat das Geld verloren und braucht es wahrscheinlich selbst. Das gefundene Geld zu behalten, hat für Paula also einen schlechten Nachgeschmack und deshalb möchte sie es lieber nicht. Sie hört auf ihr Gewissen.

b) Ich finde, dass Paula genau richtig gehandelt hat. Mir wäre es sicher ebenso schwer gefallen, wenn man das Geld eigentlich dringend gebrauchen kann. Aber auch ich hätte mich an dem Geld nicht freuen können und hätte das Gefühl gehabt, es nicht ehrlich dazu gewonnen zu haben.

13. Die Lösungen

7 Ich bin doch kein Baby mehr!

⊙ **Aufgabe 1:**

R	W	V	E	R	L	O	R	E	N	M	O	W	F	J	Ä	R	H	T	I
Q	U	A	G	B	K	W	I	P	B	M	W	Z	T	L	K	I	A	C	E
E	I	K	A	T	A	S	T	R	O	P	H	E	T	W	U	N	L	T	R
S	A	G	K	L	T	Z	I	P	Ö	R	U	V	B	M	W	Z	T	O	R
K	V	O	R	F	R	E	U	D	E	A	S	Z	T	E	K	P	E	B	E
I	Ü	W	F	Z	U	A	S	J	E	O	L	P	C	H	E	T	S	M	I
D	I	S	K	U	T	I	E	R	E	N	D	I	E	R	B	I	T	S	C
R	U	I	P	D	H	W	T	C	H	A	I	G	L	E	F	U	E	H	H
W	M	U	I	A	E	Ü	Y	G	U	M	L	A	U	R	V	I	L	W	E
Z	O	L	E	A	L	L	E	I	N	E	R	E	I	E	N	B	L	A	N
O	P	H	S	T	M	Q	U	O	C	H	R	U	A	T	Z	N	E	I	O

Aufgabe 2:

a) Immer wieder kommt es vor, dass man sich bei einem Streit oder einer Meinungsverschiedenheit nicht einig wird. Hier bietet sich ein **Kompromiss** an. Das bedeutet, dass beide Seiten eine Lösung finden und sich entgegen kommen.

b) Ist man mit Bus oder Bahn unterwegs, kann man leider nicht überall aus oder einsteigen. Dafür gibt es festgelegte Punkte, die sogenannten **Haltestellen**.

c) Oft freuen wir uns schon im Voraus auf besondere Ereignisse wie ein tolles Fußballspiel oder Geburtstage. Diese freudige Erwartung nennt man **Vorfreude**.

d) Ist man unterwegs und möchte wieder zurück nach Hause, steht noch der **Heimweg** an.

Aufgabe 3: a) = 3.; b) = 5.; c) = 1.; d) = 4.; e) = 2.;

! **Aufgabe 1:** a) = 7.; b) = 1.; c) = 5.; d) = 3.; e) = 2.; f) = 6.; g) = 4.

Aufgabe 2:

a)

N	T	E	I	X	K	E	R	R	E	I	C	H	E	N	E	Z	A	K
E	G	J	E	T	T	N	L	S	R	Z	O	P	B	M	W	R	A	N
R	W	T	Z	I	N	B	Z	O	P	F	B	J	D	W	T	K	L	B
E	E	C	H	E	H	P	O	R	T	S	A	T	A	K	I	W	L	O
I	D	H	J	L	P	E	Z	T	G	M	S	D	S	I	W	A	E	Y
T	Z	O	D	R	T	U	M	V	G	S	A	Z	U	K	P	Ö	I	A
U	T	U	O	P	C	G	J	W	D	T	M	X	B	U	P	A	N	Z
K	G	K	H	A	L	T	E	S	T	E	L	L	E	W	Q	U	E	G
S	Z	O	W	F	N	K	E	T	I	J	F	Ä	S	R	I	E	C	H
I	D	T	U	O	A	W	B	K	F	U	P	Ö	C	H	S	W	Z	M
D	W	Z	R	I	E	D	U	E	R	F	R	O	V	A	C	H	U	O

b) Mögliche Lösungen:

a) Ein schlimmes Ereignis wie ein Erdbeben nennt man eine Katastrophe

b) Vor unserem Haus befindet sich eine Haltestelle des Linienbusses.

c) Mein Eltern mögen es gar nicht, wenn ich immer mit ihnen diskutieren will.

d) Manchmal darf ich schon alleine zuhause bleiben.

e) Auch Kinder können schon ganz schön viel erreichen.

f) Besonders viel Vorfreude habe ich vor Weihnachten oder meinem Geburtstag.

Aufgabe 3: MAINZ

✶ **Aufgabe 1:** Mögliche Lösungen:

a) Claras Eltern erwarten von ihr, dass sie selbstständig wird und schon viele Dinge alleine kann bzw. daran denkt.

b) Clara möchte alleine in die Stadt fahren und ihre Eltern trauen ihr das noch nicht zu.

c) Ich finde, dass die Familie einen guten Kompromiss gefunden hat. Beim nächsten Mal darf Clara dann vielleicht schon alleine zurückfahren, wenn alles gut geklappt hat. In meiner Familie haben wir einen Kompromiss beim fernsehen. Ich möchte abends gerne länger fernsehen, aber das erlauben meine Eltern nicht. Deshalb haben wir uns darauf geeinigt, dass ich immer am Samstag länger schauen darf, weil ich Sonntags ausschlafen kann.

d) Das Sprichwort meint wohl, dass man sich oftmals schon wochenlang auf ein tolles Ereignis freut und es keine schönere Freude gibt.

Aufgabe 2: a) = 2.; b) = 4.; c) = 5.; d) = 1.; e) = 3.

Aufgabe 3: MAINZ

13. Die Lösungen

8 Instrumentenkarussell

⊙ **Aufgabe 1:** a) = 3.; b) = 1.; c) = 6.; d) = 4.; e) = 2.; f) = 5.

Aufgabe 2: Trompete, Flöte, Dudelsack, Harfe, Geige
Übrig bleibt: Harfe

! **Aufgabe 1:** **a)** der Posaune; **b)** auf der anderen Seite des Raumes; **c)** Alexio;
d) der Instrumentenschnuppertag; **e)** für die Drittklässler

Aufgabe 2:

a) Esra bläst… …wie wild in die Posaune, … …aber es kommt kein Ton heraus.

b) Der Instrumentenschnuppertag findet… …heute im Musikraum… …der Schule statt.

c) Alexio ist der Kleinste der Klasse, aber… …er spielt das größte und… …schwerste Instrument.

d) Jedes Jahr macht das Orchester… …ein Probewochenende… …auf einer Hütte.

e) Der Lehrer… … empfiehlt Esra, … …doch einmal ein Streichinstrument zu probieren.

f) Die Bläserklasse wird vom… …Musikverein gefördert und ist… …deshalb recht erschwinglich.

Aufgabe 3:

F	W	T	U	O	C	T	R	O	M	P	E	T	E	O	P	H	C	S	J	L	A	Ö	N	W
Z	A	E	T	U	N	M	W	Ä	J	D	H	N	S	C	I	P	C	K	P	W	Z	U	Y	Q
O	L	S	T	N	B	L	O	C	K	F	L	Ö	T	E	T	Ö	C	J	O	I	P	W	D	U
S	D	U	I	E	T	Z	N	D	F	J	Ö	S	E	V	N	X	S	R	S	T	I	P	I	E
F	H	F	H	D	U	D	E	L	S	A	C	K	G	I	Ä	X	V	H	A	W	D	U	R	R
J	O	H	A	R	T	V	N	K	I	E	R	B	L	P	S	F	T	U	U	X	H	I	E	F
M	R	T	U	P	Q	H	L	S	C	H	R	U	P	G	J	S	R	H	N	S	H	O	S	L
W	N	Z	O	W	R	G	N	K	T	U	B	A	E	H	O	V	F	K	E	S	R	H	N	Ö
T	R	O	P	L	Ä	D	G	B	W	T	U	C	H	R	Z	O	C	H	W	J	I	Z	E	T
Q	E	B	R	A	T	S	C	H	E	D	U	O	P	C	H	V	I	O	L	I	N	E	R	E
U	E	U	G	J	W	I	B	K	D	C	E	L	L	O	R	N	L	D	I	O	D	R	Y	Ä

✶ **Aufgabe 1:** **1.** richtig, **2.** richtig, **3.** falsch, **4.** richtig, **5.** richtig

Aufgabe 2: **a)** der Posaune; **b)** auf der anderen Seite des Raumes; **c)** Alexio;
d) der Instrumentenschnuppertag; **e)** für die Drittklässler

Aufgabe 3:

F	N	T	U	O	C	T	R	O	M	P	E	T	E	O	P	H	C	S	J	L	A	Ö	N	W
Z	R	E	T	U	N	M	W	Ä	J	D	H	N	S	C	I	P	C	K	P	W	Z	U	Y	Q
O	O	S	T	N	E	T	Ö	L	F	K	C	O	L	B	T	Ö	C	J	O	I	P	W	D	U
S	H	U	I	E	T	Z	N	D	F	J	Ö	S	E	V	N	X	S	R	S	T	I	P	I	E
F	D	F	H	D	U	D	E	L	S	A	C	K	G	I	Ä	X	V	H	A	W	D	U	R	R
J	L	H	A	R	T	V	N	K	I	E	R	B	L	P	S	F	T	U	U	X	H	I	E	F
M	A	T	U	P	Q	H	L	S	C	H	R	U	P	G	J	S	R	H	N	S	H	O	S	L
W	W	Z	O	W	R	G	N	K	A	B	U	T	E	H	O	V	F	K	E	S	R	H	N	Ö
T	R	O	P	L	Ä	D	G	B	W	T	U	C	H	R	Z	O	C	H	W	J	I	Z	E	T
Q	E	B	R	A	T	S	C	H	E	D	U	O	P	C	H	E	N	I	L	O	I	V	R	E
U	E	U	G	J	W	I	B	K	D	C	E	L	L	O	R	N	L	D	I	O	D	R	Y	Ä

Streichinstrumente	Blasinstrumente
Bratsche	Posaune
Violine	Waldhorn
Cello	Tuba
	Blockflöte
	Trompete
	Querflöte

Übrig bleibt: Dudelsack

LESETRAINING IN DREI NIVEAUSTUFEN
3. Schuljahr – Bestell-Nr. 16 703

13. Die Lösungen

9 Ferien auf dem Bauernhof

⊙ **Aufgabe 1:** Ferien auf dem **Bauernhof** sind für viele Kinder ein besonderes Erlebnis. Die Bauern bieten für ihre Feriengäste oft **tolle** Sachen an: Mitfahren auf dem Traktor, Tiere füttern oder wenn du viel **Glück** hast, erlebst du vielleicht auch die Geburt eines Kälbchens oder eines **Fohlens**.
Auf dem Bauernhof ist es auch **egal**, wenn du nicht immer die vornehmste **Kleidung** trägst. Das findet auch Nils toll. Für ihn und viele andere Kinder sind Ferien auf dem Bauernhof ein echter **Traumurlaub**!

Aufgabe 2:

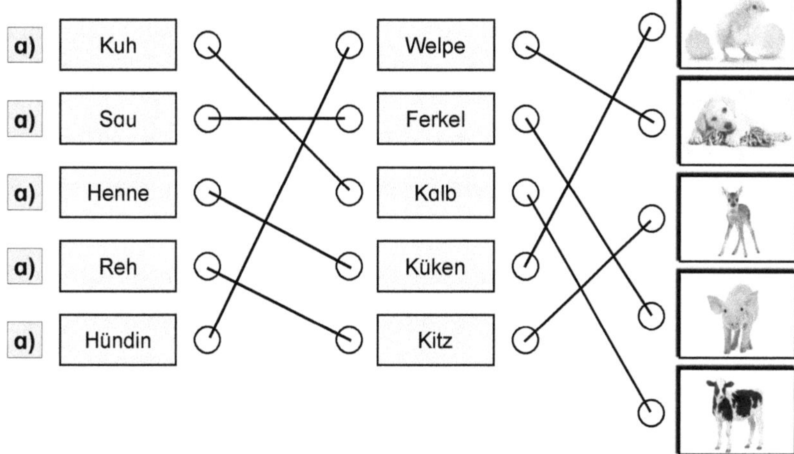

! **Aufgabe 1:** Die **Ferien** auf dem **Bauernhof** gehen immer viel zu schnell vorbei. Am letzten Ferientag ist deshalb Nils' **Stimmung** auch sehr mies. Doch die tolle **Überraschung** rettet diese. Nils kann es kaum glauben, dass er **Pate** für das Kalb **Mia** werden soll. Jetzt freut er sich sicherlich noch viel mehr darauf, in den Ferien **wiederzukommen**.

Aufgabe 2:

Küken
Henne

Welpe
Hund

Kitz
Reh

Ferkel
Schwein

Kalb
Kuh

✶ **Aufgabe 1:**

a) Ole, Tina, Laura, Jan und Felix sowie der Bauer, seine Frau und deren Kinder gehören zur Familie.
b) In diesem Fall ist gemeint, dass sich die Mutter nicht mehr über schmutzige Kleidung ärgert und diese hinnimmt.
c) Nils ist Pate der Kuh Mia – und als Pate erklärt man sich bereit, sich zukünftig um das Tier bzw. Kind zu kümmern.

Aufgabe 2: **a)** Schwein **b)** Mähdrescher **c)** Mais

KOHL VERLAG Lernen mit Erfolg
LESETRAINING IN DREI NIVEAUSTUFEN
3. Schuljahr – Bestell-Nr. 16 703

13. Die Lösungen

10 Der Supersprung

⊙ **Aufgabe 1:**
a) Sprungtuch = der Sprung + das Tuch
b) Rettungsdienst = die Rettung + der Dienst
c) Eisgutschein = das Eis + der Gutschein
d) Gipsverband = der Gips + der Verband

Aufgabe 2:
Jeder Mensch kann einmal in die Lage kommen, im Notfall **Ersthelfer** zu sein. Dann ist es wichtig, richtig und **überlegt** zu handeln. **Lena** hat sich genau richtig verhalten.

Sie hat beim Jugendrotkreuz immer wieder geübt, was im **Notfall** zu tun ist. Auch ein **Erste-Hilfe-Kurs** macht Sinn für Kinder und Erwachsene. Außerdem sollte jeder die Notrufnummer 112 kennen und üben, welche **Informationen** für das **Absetzen** eines Notrufes wichtig sind. Nino hat sich in der Geschichte zum Glück nicht schwer verletzt, aber bei einem Unglück mit **lebensgefährlichen** Verletzungen zählt **schnelles** und richtiges Reagieren!

Aufgabe 3:
a) Tims; **b)** Trampolin springen; **c)** Nino; **d)** gelb

! **Aufgabe 1:**
a) springen - Sprung
b) schwingen - Schwung
c) helfen - Hilfe
d) rufen - Notruf
e) retten - Rettungsdienst

Aufgabe 2:
Jeder **Mensch** kann einmal in die Lage kommen, im Notfall Ersthelfer zu sein. Dann ist es **wichtig**, richtig und überlegt zu handeln. **Lena** hat sich genau richtig verhalten.

Sie hat beim **Jugendrotkreuz** immer wieder geübt, was im Notfall zu tun ist. Auch ein Erste-Hilfe-Kurs macht Sinn für Kinder und **Erwachsene**. Außerdem sollte jeder die Notrufnummer 112 kennen und üben, welche **Informationen** für das Absetzen eines Notrufes wichtig sind. **Nino** hat sich in der Geschichte zum Glück nicht schwer verletzt, aber bei einem Unglück mit lebensgefährlichen **Verletzungen** zählt **schnelles** und richtiges Reagieren!

Aufgabe 3:
a) sieben Kinder; **b)** am Rand des Sprungtuches;
c) der Jugend des Deutschen Roten Kreuzes; **d)** an der Straße

---

✶ **Aufgabe 1:**

süß	süßen	die Süßigkeit
glatt	glätten	die Glätte
treffsicher	treffen	**der Treffer**
arm	verarmen	die Armut
schwungvoll	schwingen	**der Schwung**
wackelig	**wackeln**	das Wackeln

Aufgabe 2:
1. richtig, **2.** richtig, **3.** falsch, **4.** richtig, **5.** falsch, **6.** falsch,
7. falsch, **8.** richtig, **9.** richtig, **10.** falsch

Aufgabe 3:
a) sieben Kinder; **b)** Jannis; **c)** Nino; **d)** an der Straße

11 Tschüss, Oma!

Aufgabe 1:

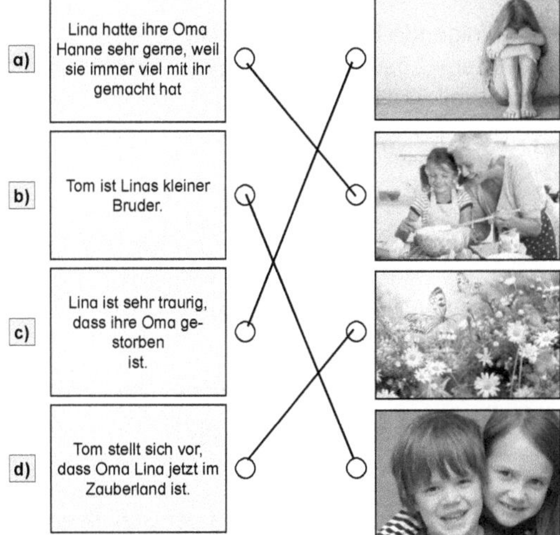

Aufgabe 2: Individuelle Lösung

! **Aufgabe 1:**

a) Oma Hanne ist gestorben.
b) Sie rief papa im Büro an.
c) beim Versuch, ihr Zimmer aufzuräumen
d) Tom

Aufgabe 2:

a) Linas hatte ihre Oma Hanne sehr gerne.
b) Tom ist Linas kleiner Bruder.
c) Lina ist sehr traurig, dass ihre Oma gestorben ist.
d) Tom stellt sich vor, dass Oma Lina jetzt im Zauberland ist.

Aufgabe 3: Reihenfolge: 2, 3, 5, 6, 4, 1

✶ **Aufgabe 1:**

a) Linas hatte ihre Oma Hanne sehr gerne.
b) Tom ist Linas kleiner Bruder.
c) Lina ist sehr traurig, dass ihre Oma gestorben ist.
d) Tom stellt sich vor, dass Oma Lina jetzt im Zauberland ist.

Aufgabe 2: Mögliche Lösung:

Liebe Oma Hanne,

ich bin ganz durcheinander und traurig, dass du gestorben bist. Ich dachte du wärst noch lange bei mir. Jetzt überlege ich immer, was wir nicht mehr miteinander machen können, wie Geschichten erzählen, Johannisbeergelee kochen und bei dir im Bett kuscheln.

Oma, du fehlst mir schon ganz arg und ich vermisse dich sehr!

Ich werde dich nicht vergessen

Deine Lina

13. Die Lösungen

12 Schon wieder eine Klassenarbeit

⊙ **Aufgabe 1:** In der Wörterschlange sind folgende Begriffe versteckt:
Frust – passieren – Lernwörter – Lösungsvorschläge – hektisch – schrecklich – Weltuntergang – verständnisvoll

Aufgabe 2: a) = 4.; b) = 1.; c) = 3.; d) = 5.; e) = 2

! **Aufgabe 1:** Mögliche Lösungen:

a) abblättern, Blätterwald, umblättern, Schreibblätter

b) Lernerfolg, Lernhilfe, Lerngruppe, lernen

c) Nachtschlaf, ausschlafen, Schlafmangel, Schlafanzug, verschlafen

d) Mitternacht, nachtschlafen, übernachten, nachtaktiv

Aufgabe 2: Mögliche Lösungen:

a) Ein Tafelschwamm ist ein Schwamm, den man in der Schule und anderen Einrichtungen zum Reinigen der Wandtafeln benutzt.

b) Eine Lehrerin ist eine weibliche Person, die Kindern und Erwachsenen Wissen vermittelt und sie beim Lernen unterstützt.

c) Ein Zirkel ist ein Gerät zum Zeichnen gleichmäßiger Kreise, das in der Schule in der Geometrie verwendet wird.

d) Ein Füller ist ein Schreibgerät mit einer Feder an der Spitze, über die er mit flüssiger Tinte schreibt.

✶ **Aufgabe 1:** Mögliche Lösungen:

a) geschrieben, geübt, geschehen, gedacht, geknickt, gelernt

b) verstehen, verzweifeln, Verrat, versichern
behaupten, bezweifeln, bezeugen, Bestand

Aufgabe 2: **1.** richtig, **2.** falsch, **3.** richtig, **4.** richtig, **5.** richtig, **6.** falsch, **7.** richtig

Aufgabe 3:

a) Deutsch
b) Er spielt Fußball.
c) an der Schulter
d) Er ist sehr verständnisvoll.
e) Felix soll sich neben Herrn Schröter setzen.